Collection **marabout service**

Carmen Cunnault

D0994519

COLLINS

Connaître et utiliser
5000 mots d'anglais

Compilation :
BARBARA I. CHRISTIE
MÀIRI MAC GINN

marabout

Cet ouvrage est une adaptation du Collins
Gem - 5000 French words

COMMENT UTILISER CET OUVRAGE

Conçu autant pour l'étudiant que pour le débutant ou le vacancier, ce livre s'adresse à un large public désireux d'apprendre ou de perfectionner ses connaissances en anglais. Divisé en 50 thèmes, il propose au lecteur un vocabulaire adapté à toutes les circonstances. A l'intérieur de chaque thème, l'usager trouvera d'une part une liste des termes essentiels, d'autre part une série de verbes, expressions, formes idiomatiques, etc. introduites par ordre croissant de difficulté.

En règle générale, nous avons distingué trois niveaux de difficulté pour chaque thème, niveaux marqués de 1, 2 ou 3 étoiles. Ces étoiles permettent de mettre en évidence un vocabulaire de base pour un apprentissage élémentaire. Par ailleurs, suite à ce classement par thèmes, figurent des listes supplémentaires de mots de vocabulaire groupés par type grammatical (verbes, conjonctions, . . .) ainsi qu'une liste d'homonymes.

L'usager pourra aisément couvrir un domaine spécifique en passant d'un thème à l'autre; par exemple, la description d'un repas pourra s'effectuer en passant de la catégorie FOOD AND MEALS à un vocabulaire plus détaillé sous les rubriques FRUIT et VEGETABLES. De la même façon, le vocabulaire sous PARTS OF THE BODY fera référence aux parties du corps, tandis que l'on trouvera une liste des maladies et de diverses afflictions sous la rubrique SICKNESS AND HEALTH. L'usager apprendra très vite à utiliser les thèmes classés par ordre alphabétique et une version française de la table des matières se trouve en pages 6 et 7.

Chaque mot anglais est suivi de sa prononciation en symboles phonétiques. Ces symboles sont expliqués en pages 4 et 5.

Les mots anglais ayant plus d'une traduction en français sont marqués d'un astérisque. La liste complète de ces homonymes est fournie à la page 172 avec références aux diverses traductions correspondant aux différents thèmes.

La dernière section de l'ouvrage est un index récapitulatif permettant à l'usager de trouver le mot français correspondant aux mots anglais de niveaux 1 et 2. Cette section sera d'une aide précieuse pour un travail de révision.

VOYELLES ET DIPHTONGUES

Exemples anglais Exemples français et explications

ɑ:	f*a*ther	b*a*s (un *a* très long)
ʌ	b*u*t, c*o*me	l*a*
æ	m*a*n, c*a*t	ouvrir la bouche comme pour prononcer le *ê* de *bête* mais prononcer le *a* de *la*
ə	f*a*ther, *a*go	prononcer comme le *e* de *le* qui serait presque *a* de *la*. C'est toujours très bref
3:	b*i*rd, h*ea*rd	comme le *e* de *le* (très long)
e	g*e*t, b*e*d	n*e*t
ɪ	*i*t, b*i*g	f*i*ne (très bref)
i:	t*ea*, s*ee*	l*i*t (très long)
ɒ	h*o*t, w*a*sh	m*o*che
ɔ:	s*aw*, *a*ll	*eau* (très long)
ʊ	p*u*t, b*oo*k	t*ou*te (très bref)
u:	t*oo*, y*ou*	b*ou*e (très long)
aɪ	fl*y*, h*igh*	t*aille*
aʊ	h*ow*, h*ou*se	M*ao*
eə	th*ere*, b*ear*	m*ère* (très long)
eɪ	d*ay*, ob*ey*	v*eille*
ɪə	h*ere*, h*ear*	comme les voyelles de l*i*t + *eux*. Le *eux* serait prononcé très vite sans coupure entre les deux mots
əʊ	g*o*, n*o*te	comme *eux* + *où*. Le *eux* serait prononcé très vite sans coupure entre les deux mots
ɔɪ	b*oy*, *oi*l	comme dans langue d'*oï*l
ʊə	p*oor*, s*ure*	comme p*oux* + *eux*. Le *eux* serait prononcé très vite sans coupure entre les deux mots

CONSONNES

Exemples anglais Exemples français et explications

g	*g*o, *g*et, bi*g*	*g*orille
dʒ	*g*in, *j*u*dg*e	*j*azz
ŋ	si*ng*	campi*ng*
h	*h*ouse, *h*e	*h*op!
j	*y*oung, *y*es	*y*éti
k	*c*ome, mo*ck*	*qu*i
r	*r*ed, t*r*ead	*r*ue
s	*s*and, ye*s*	*s*auterie
z	ro*s*e, *z*ebra	*z*oo
ʃ	*sh*e, ma*ch*ine	*ch*ou
tʃ	*ch*in, ri*ch*	
w	*w*ater, *wh*ich	*w*aters
ʒ	vi*s*ion	*j*e
θ	*th*ink, my*th*	comme pour prononcer *s* avec un cheveu sur la langue
ð	*th*is, *th*e	comme pour prononcer *je* avec un cheveu sur la langue

b, p, f, v, m, n, l, d, t comme en français

ABRÉVIATIONS UTILISÉES DANS CE LIVRE

adj	adjectif	*m*	masculin
ctd	suite	*n*	substantif
f	féminin	*pl*	pluriel
inv	invariable	*sg*	singulier

6

TABLE DES MATIÈRES (*suite*)

CONTENTS PAGE

CONTENTS (*ctd*)

*AT THE AIRPORT

aeroplane ['eərəupleɪn]	avion
air hostess ['eə'həʊstes]	hôtesse de l'air
airport ['eəpɔ:t]	aéroport
arrival [ə'raɪvəl]	arrivée
arrivals board [–z'bɔ:d]	tableau des arrivées
case [keɪs]	valise
customs ['kʌstəmz] (*pl*)	douane
customs duty [–'dju:tɪ] (*sg*)	droits de douane
customs officer [–'ɒfɪsə]	douanier
delay [dɪ'leɪ]	retard
departure [dɪ'pɑ:tʃə]	départ
departure lounge [–'laʊndʒ]	salle de départ
departures board [–z'bɔ:d]	tableau des départs
descent [dɪ'sent]	descente
emergency exit [ɪ'mɜ:dʒənsɪ–]	sortie de secours
emergency landing	atterrissage forcé
entrance ['entrəns]	entrée
exit ['eksɪt]	sortie
fare [feə]	prix du billet
flight [flaɪt]	vol
gate* [geɪt]	porte
holiday-maker ['hɒlɪdɪ'meɪkə]	vacancier(ère)
information desk [ɪnfə'meɪʃən'desk]	bureau de renseignements
journey ['dʒɜ:nɪ]	voyage
label ['leɪbəl]	étiquette
landing* ['lændɪŋ]	atterrissage
left luggage office ['left'lʌgɪdʒ'ɒfɪs]	consigne
luggage ['lʌgɪdʒ] (*sg*)	bagages
passenger* ['pæsɪndʒə]	passager(ère)
passport ['pɑ:spɔ:t]	passeport
pilot ['paɪlət]	pilote
plane* [pleɪn]	avion
plane crash ['–kræʃ]	accident d'avion
porter ['pɔ:tə]	porteur
runway ['rʌnweɪ]	piste (d'envol)
seat belt ['si:tbelt]	ceinture de sécurité
speed [spi:d]	vitesse
suitcase ['su:tkeɪs]	valise
takeoff ['teɪkɒf]	décollage
ticket* ['tɪkɪt]	billet
timetable* ['taɪmteɪbəl]	horaire
tourist ['tʊərɪst]	touriste

**AT THE AIRPORT

airline [ˈeəlaɪn]	compagnie aérienne
airport buildings [–ˈbɪldɪŋz] (*pl*)	aérogare
air terminal [ˈeəˈtɜːmɪnəl]	aérogare (*en ville*)
altitude [ˈæltɪtjuːd]	altitude
businessman [ˈbɪznɪsmæn]	homme d'affaires
connection* [kəˈnekʃən]	correspondance
crew [kruː]	équipage
destination [destɪˈneɪʃən]	destination
height* [haɪt]	hauteur
helicopter [ˈhelɪkɒptə]	hélicoptère
jet (plane) [ˈdʒet–]	avion à réaction
jumbo jet [ˈdʒʌmbəʊ–]	jumbo-jet
radar [ˈreɪdɑː]	radar
reservation [rezəˈveɪʃən]	réservation
steward [ˈstjuːəd]	steward
travel agency [ˈtrævəlˈeɪdʒənsɪ]	agence de voyages
wing [wɪŋ]	aile

***AT THE AIRPORT

air pocket [ˈeəˈpɒkɪt]	trou d'air
airsickness [ˈeəsɪknəs]	mal de l'air
air traffic controller [eəˈtræfɪkkənˈtrəʊlə]	aiguilleur du ciel
black box [ˈblækˈbɒks]	boîte noire
controls [kənˈtrəʊlz]	commandes
control tower [kənˈtrəʊlˈtaʊə]	tour de contrôle
escalator [ˈeskəleɪtə]	escalier roulant
flying [ˈflaɪɪŋ]	vol
hijacker [ˈhaɪdʒækə]	pirate de l'air
hijacking [ˈhaɪdʒækɪŋ]	détournement d'avion
moving pavement [ˈmuːvɪŋˈpeɪvmənt]	tapis roulant
open ticket [ˈəʊpən–]	billet ouvert
runway lights [–ˈlaɪts]	balises de nuit
sound barrier [ˈsaʊndˈbærɪə]	mur du son
stop-over [ˈstɒpəʊvə]	escale
stowaway [ˈstəʊəweɪ]	passager(ère) clandestin(e)

to check in one's luggage faire enregistrer ses bagages
the plane has taken off l'avion a décollé
on board à bord; **to fly over London** survoler Londres
to land, touch down atterrir
to go through customs passer à la douane
to fly to Paris aller à Paris en avion

*ANIMALS

animal [ˈænɪməl]	animal
bear [beə]	ours
cat [kæt]	chat(te)
cow [kaʊ]	vache
dog [dɒg]	chien(ne)
donkey [ˈdɒŋkɪ]	âne
ear [ɪə]	oreille
elephant [ˈeləfənt]	éléphant
fox [fɒks]	renard
fur [fɜː]	fourrure
horse [hɔːs]	cheval
leg★ [leg]	jambe; patte
lion [ˈlaɪən]	lion
lioness [ˈlaɪənes]	lionne
mouse [maʊs] (*pl* **mice** [maɪs])	souris
mouth★ [maʊθ]	bouche; gueule
neck [nek]	cou
nose [nəʊz]	nez
paw [pɔː]	patte
pig [pɪg]	cochon
rabbit [ˈræbɪt]	lapin
sheep [ʃiːp] (*pl inv*)	mouton
tail [teɪl]	queue
tiger [ˈtaɪgə]	tigre
tigress [ˈtaɪgres]	tigresse
wolf [wʊlf] (*pl* **wolves** [wʊlvz])	loup
zoo [zuː]	zoo

**ANIMALS

bull [bʊl]	taureau
camel [ˈkæməl]	chameau
claw [klɔː]	griffe
deer [dɪə] (*pl inv*)	cerf, biche
frog [frɒg]	grenouille
giraffe [dʒɪˈrɑːf]	girafe
goat [gəʊt]	chèvre, bouc
hair★ [heə]	poil
hamster [ˈhæmstə]	hamster
hedgehog [ˈhedʒhɒg]	hérisson
hoof [huːf] (*pl* **hooves** [huːvz])	sabot
kangaroo [kæŋgəˈruː]	kangourou
monkey [ˈmʌŋkɪ]	singe
ox [ɒks] (*pl* **oxen** [ˈɒksən])	bœuf
pony [ˈpəʊnɪ]	poney
snake [sneɪk]	serpent
squirrel [ˈskwɪrəl]	écureuil
trunk★ [trʌŋk]	trompe
zebra [ˈzebrə]	zèbre

***ANIMALS**

antlers ['æntləz] (*pl*)	bois, ramure
badger ['bædʒə]	blaireau
bat* [bæt]	chauve-souris
billy-goat ['bɪlɪgəʊt]	bouc
bitch [bɪtʃ]	chienne
coat* [kəʊt]	poil
crocodile ['krɒkədaɪl]	crocodile
grass snake ['grɑːs–]	couleuvre
guard dog ['gɑːd–]	chien de garde
guide dog ['gaɪd–]	chien d'aveugle
guinea-pig ['gɪnɪpɪg]	cobaye
hare [heə]	lièvre
hippopotamus [hɪpə'pɒtəməs]	hippopotame
horn* [hɔːn]	corne
hump [hʌmp]	bosse
leopard ['lepəd]	léopard
mane [meɪn]	crinière
mare [meə]	jument
mole [məʊl]	taupe
mule [mjuːl]	mule
nanny-goat ['nænɪgəʊt]	chèvre
polar bear ['pəʊlə–]	ours blanc
pouch [paʊtʃ]	poche
rhinoceros [raɪ'nɒsərəs]	rhinocéros
seal [siːl]	phoque
shell* [ʃel]	carapace
snout [snaʊt]	museau
spines [spaɪnz]	piquants
spots [spɒts]	taches
stag [stæg]	cerf
stripes [straɪps]	rayures
toad [təʊd]	crapaud
tortoise ['tɔːtəs]	tortue
tusks [tʌsks]	défenses
vixen ['vɪksən]	renarde
whale [weɪl]	baleine

'beware of the dog' 'attention chien méchant'
the lion escaped from the zoo le lion s'est échappé du zoo
to ride on a donkey/a camel aller à dos d'âne/de chameau
to go riding faire du cheval
the dog wagged its tail (at me) le chien a remué la queue (en me voyant)
to go fox-hunting aller à la chasse au renard
the dog pricked up its ears le chien a dressé ses oreilles
the cat drew in/showed its claws le chat a rentré/sorti ses griffes
front/hind legs pattes de devant/de derrière

ANIMALS – WHERE THEY LIVE

badger (blaireau)	**set(t)** [set]	terrier
bear (ours)	**den** [den]	tanière
	lair [leə]	antre
bee (abeille)	**beehive** ['bi:haɪv]	ruche
bird (oiseau)	**nest** [nest]	nid
	aviary ['eɪvɪərɪ]	volière
budgie (perruche)	**cage** [keɪdʒ]	cage
cow (vache)	**cowshed** ['kaʊʃed]	étable
	byre ['baɪə]	étable
dog (chien)	**kennel** ['kenəl]	niche
eagle (aigle)	**eyrie** ['ɪərɪ]	aire
fish (poisson)	**fishbowl** ['fɪʃbəʊl]	bocal à poissons
	tank [tæŋk]	aquarium
	aquarium [ə'kweərɪəm]	aquarium
fox (renard)	**earth*** [ɜ:θ]	terrier
hen (poule)	**henhouse** ['henhaʊs]	poulailler
horse (cheval)	**stable** ['steɪbəl]	écurie
lion (lion)	**den**	tanière
	lair	antre
pig (cochon)	**pigsty** ['pɪgstaɪ]	porcherie
rabbit (lapin)	**burrow** ['bʌrəʊ]	terrier
	warren ['wɒrən]	garenne
	hutch [hʌtʃ]	cage à lapins
sheep (mouton)	**sheep-pen** ['ʃi:ppen]	parc à moutons
squirrel (écureuil)	**drey, dray** [dreɪ]	nid
tiger (tigre)	**den**	tanière
	lair	antre

ANIMALS, THEIR YOUNG, THE NOISES THEY MAKE

cat (chat)	kitten ['kɪtən]	to purr [pɜ:] (*ronronner*) to mew [mju:] (*miauler*) miaow! [mi:'aʊ] (*miaou!*)
cock/hen	chick(en) ['tʃɪk(ən)]	to crow [krəʊ] (*chanter*) to cluck [klʌk] (*glousser*) cock-a-doodle-do! [kɒkədu:dəl'du:] (*cocorico!*)
cow/bull	calf★ [kɑ:f] (*pl* calves [kɑ:vz])	to moo [mu:], to low [ləʊ]; to bellow ['beləʊ] (*mugir*)
deer (cerf)	fawn [fɔ:n]	
dog	pup(py) ['pʌp(ɪ)]	to bark [bɑ:k] (*aboyer*) to growl [graʊl] (*grogner*) bow-wow! ['baʊ'waʊ] (*oua,* *oua!*)
donkey (âne)	foal [fəʊl]	to bray [breɪ] (*braire*) hee-haw! ['i:ɔ:] (*hi-han!*)
duck (canard)	duckling ['dʌklɪŋ]	to quack [kwæk] (*faire coin-* *coin*) quack-quack! (*coin-coin!*)
fox	(fox) cub [kʌb]	to bark
goat (chèvre)	kid★ [kɪd]	to bleat [bli:t] (*bêler*)
goose (oie)	gosling ['gɒzlɪŋ]	to honk [hɒŋk] (*cacarder*)
hare (lièvre)	leveret ['levərɪt]	
horse	foal filly ['fɪlɪ]	to neigh [neɪ] (*hennir*)
lion	(lion) cub	to roar [rɔ:] (*rugir*)
pig	piglet ['pɪglɪt]	to grunt [grʌnt] (*grogner*)
sheep	lamb [læm]	to bleat baa! [bɑ:] (*bê!*)
swan (cygne)	cygnet ['sɪgnɪt]	
tiger	(tiger) cub	to roar

*BIRDS

bird [bɜ:d]	oiseau
blackbird [ˈblækbɜ:d]	merle
chicken [ˈtʃɪkən]	poulet
cock [kɒk]	coq
duck [dʌk]	canard
goose [gu:s] (*pl* **geese** [gi:s])	oie
hen [hen]	poule
lark [lɑ:k]	alouette
nest [nest]	nid
pigeon [ˈpɪdʒən]	pigeon
sparrow [ˈspærəʊ]	moineau

**BIRDS

beak [bi:k]	bec
budgie [ˈbʌdʒɪ]	perruche
canary [kəˈneərɪ]	serin
crow [krəʊ]	corneille
eagle [ˈi:gəl]	aigle
feather [ˈfeðə]	plume
nightingale [ˈnaɪtɪŋgeɪl]	rossignol
owl [aʊl]	hibou
parrot [ˈpærət]	perroquet
robin (red-breast)	rouge-gorge
[ˈrɒbɪn(ˈredbrest)]	
(sea)gull [(ˈsi:)gʌl]	mouette
swallow [ˈswɒləʊ]	hirondelle
thrush [θrʌʃ]	grive
wing [wɪŋ]	aile

to fly voler; **to fly away** s'envoler
birds flap their wings les oiseaux battent des ailes
they build nests ils font des nids
to whistle siffler; **to sing** chanter; **to hoot** hululer
a flock of birds un vol d'oiseaux

***BIRDS

bluetit ['blu:tɪt]	mésange bleue
cuckoo ['kʊku:]	coucou
dove [dʌv]	colombe
falcon ['fɔ:lkən]	faucon
flamingo [fləˈmɪŋgəʊ]	flamant
grouse [graʊs] (*pl inv*)	grouse
hawk [hɔ:k]	faucon
jackdaw ['dʒækdɔ:]	choucas
kingfisher ['kɪŋfɪʃə]	martin-pêcheur
magpie ['mægpaɪ]	pie
mynah bird ['maɪnəˈbɜ:d]	mainate
ostrich ['ɒstrɪtʃ]	autruche
partridge ['pɑ:trɪdʒ]	perdrix
peacock ['pi:kɒk]	paon
penguin ['peŋgwɪn]	pingouin
pheasant ['fezənt]	faisan
quail [kweɪl]	caille
raven ['reɪvən]	corbeau
starling ['stɑ:lɪŋ]	étourneau
stork [stɔ:k]	cigogne
swan [swɒn]	cygne
turkey* ['tɜ:kɪ]	dindon
vulture ['vʌltʃə]	vautour
woodpecker ['wʊdpekə]	pic

the hen lays its eggs in the straw la poule pond ses œufs dans la paille
to come down, land se poser
to coo roucouler; **to chirp** pépier; **to screech** crier
as the crow flies à vol d'oiseau

THE SEASONS

spring* [sprɪŋ]	printemps
summer ['sʌmə]	été
autumn ['ɔːtʌm]	automne
winter ['wɪntə]	hiver

THE MONTHS

January ['dʒænjʊərɪ]	janvier
February ['februərɪ]	février
March [mɑːtʃ]	mars
April ['eɪprɪl]	avril
May [meɪ]	mai
June [dʒuːn]	juin
July [dʒuːˈlaɪ]	juillet
August ['ɔːgʌst]	août
September [sepˈtembə]	septembre
October [ɒkˈtəʊbə]	octobre
November [nəʊˈvembə]	novembre
December [dɪˈsembə]	décembre

THE DAYS OF THE WEEK

Monday ['mʌndeɪ]	lundi
Tuesday ['tjuːzdeɪ]	mardi
Wednesday ['wenzdeɪ]	mercredi
Thursday ['θɜːzdeɪ]	jeudi
Friday ['fraɪdeɪ]	vendredi
Saturday ['sætədeɪ]	samedi
Sunday ['sʌndeɪ]	dimanche

in spring/summer/autumn/winter au printemps/en été/en automne/en hiver
what day is it today? quel jour sommes-nous aujourd'hui?
it's Friday today aujourd'hui c'est vendredi
what's the date? le combien sommes-nous?
it's January 12th c'est le 12 janvier
in May *etc* en mai *etc*
on Saturdays *etc* le samedi *etc*
a week/two weeks on Saturday samedi en huit/en quinze
on Saturday *etc* samedi *etc*
next/last Saturday *etc* samedi *etc* prochain/dernier
the previous/following Saturday *etc* le samedi *etc* précédent/suivant

HOLIDAYS AND FESTIVALS

Advent ['ædvənt]	l'Avent
All Saints' Day [ɔ:l'seɪntsdeɪ]	la Toussaint
All Souls' Day [ɔ:l'səʊlz–]	le jour des Morts
April Fools' Day ['eɪprɪl'fu:lz–]	le premier avril
Ash Wednesday ['æʃ–]	le mercredi des Cendres
Boxing Day ['bɒksɪŋ'–]	le lendemain de Noël
Christmas ['krɪsməs]	Noël
Christmas Day	le jour de Noël
Christmas Eve [–'i:v]	la veille de Noël
D-Day ['di:–]	le jour J
Easter ['i:stə]	Pâques
Easter Sunday .	le dimanche de Pâques
Epiphany [ɪ'pɪfənɪ]	le jour des Rois
Good Friday ['gʊd–]	le vendredi saint
Hallowe'en [hæləʊ'i:n]	la veille de la Toussaint
Hogmanay [hɒgmə'neɪ] (*Écosse*)	la Saint-Sylvestre
Lent [lent]	le Carême
May Day ['meɪ–]	le premier mai
New Year's Day ['nju:jɪəz'–]	le jour de l'An
New Year's Eve	la Saint-Sylvestre
Palm Sunday ['pɑ:m–]	le dimanche des Rameaux
Pancake Day ['pænkeɪk'–]	Mardi gras
Passover ['pɑ:səʊvə]	la Pâque juive
Shrove Tuesday ['ʃrəʊv–]	Mardi gras
St. Valentine's Day [sənt'væləntaɪnz'–]	la Saint-Valentin
Twelfth Night ['twelfθ'naɪt]	le jour des Rois
Whitsun ['wɪtsən]	la Pentecôte
Whit Sunday	le dimanche de Pentecôte

to wish somebody a happy New Year souhaiter la bonne année à quelqu'un
Merry Christmas! Joyeux Noël!
Happy Easter! Joyeuses Pâques!
April Fool! poisson d'avril!
a Christmas card une carte de Noël
an Easter egg un œuf de Pâques

SPECIAL OCCASIONS	LES GRANDES OCCASIONS
baptism ['bæptɪzəm]	baptême
best man ['best'mæn]	témoin du marié
birth [bɜ:θ]	naissance
birthday ['bɜ:θdeɪ]	anniversaire
bonfire ['bɒnfaɪə]	feu de joie
bridesmaid ['braɪdzmeɪd]	demoiselle d'honneur
burial ['berɪəl]	enterrement
carnival ['kɑ:nɪvəl]	carnaval
cemetery ['semətrɪ]	cimetière
ceremony ['serəmənɪ]	cérémonie
christening ['krɪsnɪŋ]	baptême
churchyard ['tʃɜ:tʃjɑ:d]	cimetière
circus ['sɜ:kəs]	cirque
dance [dɑ:ns]	bal
death [deθ]	mort
diamond wedding ['daɪəmənd–] (sg)	noces de diamant
divorce [dɪ'vɔ:s]	divorce
engagement [en'geɪdʒmənt] (sg)	fiançailles
fair [feə]	foire; fête foraine
festival ['festɪvəl]	festival
firework display ['faɪəwɜ:kdɪ'spleɪ]	feu d'artifice (*spectacle*)
fireworks ['faɪəwɜ:ks] (pl)	feu d'artifice (*spectacle*)
funeral ['fju:nrəl]	enterrement
fun fair ['fʌn'–]	fête foraine
golden wedding ['gəʊldən–] (sg)	noces d'or
holidays ['hɒlɪdeɪz]	vacances
honeymoon ['hʌnɪmu:n]	lune de miel
invitation [ɪnvɪ'teɪʃən]	invitation
marriage ['mærɪdʒ]	mariage
outing ['aʊtɪŋ]	sortie
party ['pɑ:tɪ]	boum; réception, soirée
present* ['prezənt]	cadeau
procession [prə'seʃən]	cortège, défilé
retirement [rɪ'taɪəmənt]	retraite
silver wedding ['sɪlvə–] (sg)	noces d'argent
stag party ['stæg–]	réunion entre hommes
wedding ['wedɪŋ] (sg)	noces
wedding anniversary [–ænɪ'vɜ:sərɪ]	anniversaire de mariage

to **celebrate** célébrer, fêter; **happy birthday!** bon anniversaire!
to **get engaged** se fiancer; to **get married** se marier
to **give somebody a present** offrir un cadeau à quelqu'un
to **set off fireworks** tirer des feux d'artifice
to **congratulate somebody (on)** féliciter quelqu'un (de)

*CLOTHES

anorak ['ænəræk]	anorak
apron ['eɪprən]	tablier
bathing costume ['beɪðɪŋ'kɒstju:m]	maillot (de bain)
blazer ['bleɪzə]	blazer
blouse [blaʊz]	chemisier
boot* [bu:t]	botte
cap [kæp]	casquette
cardigan ['kɑ:dɪgən]	cardigan
clothes [kləʊðz]	vêtements
coat* [kəʊt]	manteau
dress [dres]	robe
glasses ['glɑ:səz]	lunettes
glove [glʌv]	gant
handbag ['hændbæg]	sac à main
handkerchief ['hæŋkətʃi:f]	mouchoir
hat [hæt]	chapeau
jacket ['dʒækɪt]	veste
jeans [dʒi:nz]	jeans
jersey ['dʒɜ:zɪ]	tricot
jumper ['dʒʌmpə]	pull-over
nightdress ['naɪtdres]	chemise de nuit
nightie ['naɪtɪ]	chemise de nuit
overcoat ['əʊvəkəʊt]	pardessus
pants [pænts] (pl)	slip
pocket ['pɒkɪt]	poche
pullover ['pʊləʊvə]	pull-over
pyjamas [pɪ'dʒɑ:məz] (pl)	pyjama
raincoat ['reɪnkəʊt]	imperméable
sandal ['sændəl]	sandale
scarf [skɑ:f]	écharpe; foulard
shirt [ʃɜ:t]	chemise
shoe [ʃu:]	chaussure
shorts [ʃɔ:ts] (pl)	short
skirt [skɜ:t]	jupe
slipper ['slɪpə]	pantoufle
sock [sɒk]	chaussette
suit [su:t]	costume; tailleur
sweater ['swetə]	pull-over
swimsuit ['swɪmsu:t]	maillot (de bain)
tie [taɪ]	cravate
tights [taɪts] (pl)	collant
trousers ['traʊzəz] (pl)	pantalon
trunks [trʌŋks] (pl)	slip de bain
umbrella [ʌm'brelə]	parapluie

a pair of pyjamas/trousers un pyjama/un pantalon
to get dressed s'habiller; **to get undressed** se déshabiller

**CLOTHES

bathing trunks (*pl*)	slip de bain
belt [belt]	ceinture
bowler hat [ˈbəʊləˈhæt]	chapeau melon
bra [brɑ:]	soutien-gorge
button [ˈbʌtən]	bouton
collar [ˈkɒlə]	col
dressing gown [ˈdresɪŋˈgaʊn]	robe de chambre
evening dress [ˈi:vnɪŋ–]	tenue de soirée; robe du soir
fashion [ˈfæʃən]	mode
high heels [ˈhaɪˈhi:lz]	hauts talons
hood* [hʊd]	capuchon
lace* [leɪs]	lacet
polo-neck [ˈpəʊləʊˈnek]	col roulé
size* [saɪz]	taille; pointure
slip [slɪp]	combinaison
smock [smɒk]	blouse
stockings [ˈstɒkɪŋz]	bas
swimming costume [ˈswɪmɪŋ–]	maillot (de bain)
swimming trunks (*pl*)	slip de bain
T-shirt, tee-shirt [ˈti:ʃɜ:t]	T-shirt, tee-shirt
underpants [ˈʌndəpænts] (*pl*)	slip
underskirt [ˈʌndəskɜ:t]	jupon
underwear [ˈʌndəweə] (*sg*)	sous-vêtements
uniform [ˈju:nɪfɔ:m]	uniforme
vest [vest]	tricot de corps
walking stick [ˈwɔ:kɪŋˈstɪk]	canne
wellington (boot) [ˈwelɪŋtən(ˈbu:t)]	botte de caoutchouc
zip [zɪp]	fermeture éclair

to wear trousers/a hat porter un pantalon/un chapeau
to put on mettre
to take off ôter, enlever
to try on a dress essayer une robe
to get changed se changer
to tie one's laces nouer ses lacets
in evening dress en tenue de soirée *etc*
in uniform en uniforme
the large/small sizes les grandes/petites tailles
in fashion à la mode
old-fashioned démodé
very smart très chic
that suits you/doesn't suit you cela vous va bien/mal

***CLOTHES

accessories [æk'sesərɪz]	accessoires
bomber jacket ['bɒmə–]	blouson
bow tie ['bəʊ'taɪ]	nœud papillon
braces ['breɪsɪz]	bretelles
buttonhole ['bʌtənhəʊl]	boutonnière
changing room ['tʃeɪndʒɪŋ'ruːm]	cabine d'essayage
coathanger ['kəʊthæŋə]	cintre
crew-neck (sweater) ['kruː'nek–]	pull-over à col ras
cuff [kʌf]	manchette
duffel-coat ['dʌfəlkəʊt]	duffel-coat
dungarees [dʌŋgə'riːz] (pl)	salopette; bleu(s) de travail
fashion show ['fæʃənʃəʊ]	présentation de mode
hankie ['hæŋkɪ]	mouchoir
headscarf ['hedskɑːf]	foulard
overalls ['əʊvərɔːlz] (pl)	salopette; bleu(s) de travail
petticoat ['petɪkəʊt]	jupon
pleat [pliːt]	pli
ribbon ['rɪbən]	ruban
shoulder bag ['ʃəʊldəbæg]	sac à bandoulière
sleeve [sliːv]	manche
stiletto heels [stɪ'letəʊ'hiːlz]	talons aiguilles
tracksuit ['træksuːt]	survêtement
trouser suit ['traʊzə'–]	ensemble pantalon
turtle-neck (sweater) ['tɜːtəl'nek–]	pull-over à col montant
waistcoat ['weɪstkəʊt]	gilet
waist slip ['weɪst'–]	jupon
wedding dress ['wedɪŋ–]	robe de mariée

casual clothes vêtements de détente *ou* de loisir
to wear a flower in one's buttonhole porter une fleur à sa boutonnière
in national costume *or* **dress** en costume national
made to measure fait sur mesure
ready-to-wear clothes le prêt-à-porter
to buy something off the peg acheter quelque chose en prêt-à-porter
to take somebody's measurements prendre les mesures de quelqu'un
waist/chest measurement tour de taille/de poitrine
long-sleeved à manches longues; **short-sleeved** à manches courtes
in one's shirt sleeves en bras de chemise
to get creased se froisser; **pleated** à plis

COLOURS

beige [beɪʒ]	beige
black [blæk]	noir
blue [blu:]	bleu
brown [braʊn]	brun
crimson ['krɪmzən]	pourpre
fawn [fɔ:n]	fauve
green [gri:n]	vert
grey [greɪ]	gris
lemon ['lemən]	citron
orange ['ɒrɪndʒ]	orange, orangé
pink [pɪŋk]	rose
purple ['pɜ:pəl]	violet
red [red]	rouge
turquoise ['tɜ:kwɔɪz]	turquoise
violet ['vaɪələt]	violet
white [waɪt]	blanc
yellow ['jeləʊ]	jaune
navy blue ['neɪvɪ–]	bleu marine
royal blue ['rɔɪəl–]	bleu roi
sky blue ['skaɪ–]	bleu ciel

dark/light green vert foncé/clair
pale blue bleu pâle; **deep blue** bleu foncé
bluish/greenish *etc* bleuâtre/verdâtre *etc*
what colour is it? c'est de quelle couleur?
to change colour changer de couleur

he was black and blue il était couvert de bleus
a black eye un œil au beurre noir
a black man un Noir; **a black woman** une Noire
blue with cold bleu de froid
as brown as a berry tout bronzé
the leaves are turning brown les feuilles roussissent
green with envy vert de jalousie
he's got green fingers il a le pouce vert
to turn red rougir
as white as a sheet pâle comme un linge
as white as snow blanc comme la neige
a white man un Blanc; **a white woman** une Blanche
the White House la Maison Blanche

*IN THE COUNTRY

air [eə]	air
animal ['ænɪməl]	animal
bird [bɜːd]	oiseau
bridge* [brɪdʒ]	pont
bush [bʊʃ]	buisson
cottage ['kɒtɪdʒ]	cottage
country* ['kʌntrɪ]	campagne
countryside [–saɪd]	paysage; campagne
cow [kaʊ]	vache
earth* [ɜːθ]	terre
farm [fɑːm]	ferme
farmer ['fɑːmə]	fermier, agriculteur
farmhouse ['fɑːmhaʊs]	maison de ferme
fence [fens]	clôture
field* [fiːld]	champ
flower ['flaʊə]	fleur
forest ['fɒrəst]	forêt
gate* [geɪt]	barrière
grass* [grɑːs]	herbe
ground* [graʊnd]	sol; terrain
hedge [hedʒ]	haie
hill* [hɪl]	colline
horse [hɔːs]	cheval
insect ['ɪnsekt]	insecte
lake [leɪk]	lac
land [lænd]	terre; terrain
leaf [liːf] (*pl* **leaves** [liːvz])	feuille
mill [mɪl]	moulin
mountain ['maʊntən]	montagne
mud [mʌd]	boue
path* [pɑːθ] (*pl* **–s** [pɑːðz])	sentier, chemin
pond* [pɒnd]	étang; mare
river ['rɪvə]	rivière; fleuve
road [rəʊd]	route
rock [rɒk]	roche
sheep [ʃiːp] (*pl inv*)	mouton
soil [sɔɪl]	sol, terre
stick [stɪk]	bâton
stone* [stəʊn]	pierre
stream [striːm]	ruisseau
tourist ['tʊərɪst]	touriste
tree [triː]	arbre
village ['vɪlɪdʒ]	village
wall [wɔːl]	mur
wood [wʊd]	bois

to live in the country/the town habiter la campagne/la ville
in the open air en plein air

**IN THE COUNTRY

bank* [bæŋk]	rive
binoculars [bɪˈnɒkjʊləz]	jumelles
canal [kəˈnæl]	canal
cart [kɑːt]	charrette
castle [ˈkɑːsəl]	château
corn [kɔːn]	blé
crop [krɒp]	récolte
ditch [dɪtʃ]	fossé
dust [dʌst]	poussière
harvest [ˈhɑːvəst]	moisson; récolte
hay [heɪ]	foin
haystack [ˈheɪstæk]	meule de foin
hunter [ˈhʌntə]	chasseur
hunting [ˈhʌntɪŋ]	chasse
inn [ɪn]	auberge
landscape [ˈlændskeɪp]	paysage
market [ˈmɑːkɪt]	marché
noise [nɔɪz]	bruit
peace [piːs]	paix
peasant [ˈpesənt]	paysan(ne)
plain [pleɪn]	plaine
scenery* [ˈsiːnərɪ]	paysage
spring* [sprɪŋ]	source
tower [ˈtaʊə]	tour (*f*)
tractor [ˈtræktə]	tracteur
valley [ˈvælɪ]	vallée
walking stick [ˈwɔːkɪŋˈstɪk]	canne
waterfall [ˈwɔːtəfɔːl]	chute d'eau
wellington (boot) [ˈwelɪŋtən(ˈbuːt)]	botte de caoutchouc
windmill [ˈwɪndmɪl]	moulin à vent
youth hostel [ˈjuːθhɒstəl]	auberge de jeunesse

a thatched cottage une petite maison au toit de chaume
a haunted castle un château hanté
to go youth-hostelling aller passer ses vacances en auberges de jeunesse
to cross a bridge traverser un pont
to go through a forest traverser une forêt
to make one's way towards se diriger vers
they walked/cycled the whole way ils ont fait tout le chemin à pied/en bicyclette
on the way back au retour, sur le chemin de retour

***IN THE COUNTRY

agriculture [ˈægrɪkʌltʃə]	agriculture
bracken [ˈbrækən]	fougère
estate [ɪˈsteɪt]	propriété, domaine
hamlet [ˈhæmlət]	hameau
heath [hiːθ]	lande
heather [ˈheðə]	bruyère
inhabitant [ɪnˈhæbɪtənt]	habitant(e)
lock* [lɒk]	écluse
marsh [mɑːʃ]	marais
meadow [ˈmedəʊ]	pré
moor [mɔː]	lande
pebble [ˈpebəl]	caillou
property [ˈprɒpətɪ]	propriété
pylon [ˈpaɪlən]	pylône
quarry [ˈkwɒrɪ]	carrière
reed [riːd]	roseau
ruins [ˈruːɪnz]	ruines
signpost [ˈsaɪnpəʊst]	poteau indicateur
slope [sləʊp]	côte
telegraph pole [ˈteləgrɑːfˈpəʊl]	poteau télégraphique
trap [træp]	piège
wheat [wiːt]	blé

to climb (up) a hill grimper une colline
to reach the top of a hill arriver au sommet d'une colline
to get lost, lose one's way s'égarer
at harvest time à l'époque de la moisson
to harvest, reap faire la moisson, moissonner
to bring in the harvest rentrer la moisson
to cultivate the land cultiver la terre
the stream flows le ruisseau coule
the local people (*pl*), **the locals** les gens du pays

COUNTRIES

Africa [ˈæfrɪkə]	l'Afrique
Algeria [ælˈdʒɪərɪə]	l'Algérie
Argentina [ɑːdʒənˈtiːnə]	l'Argentine
Asia [ˈeɪʃə]	l'Asie
Australia [ɒˈstreɪlɪə]	l'Australie
Austria [ˈɒstrɪə]	l'Autriche
Belgium [ˈbeldʒəm]	la Belgique
Brazil [brəˈzɪl]	le Brésil
Bulgaria [bʌlˈgeərɪə]	la Bulgarie
Canada [ˈkænədə]	le Canada
China [ˈtʃaɪnə]	la Chine
Czechoslovakia [tʃekəsləˈvækɪə]	la Tchécoslovaquie
Denmark [ˈdenmɑːk]	le Danemark
Egypt [ˈiːdʒɪpt]	l'Égypte
England [ˈɪŋglənd]	l'Angleterre
Europe [ˈjuːrəp]	l'Europe
Finland [ˈfɪnlənd]	la Finlande
France [ˈfrɑːns]	la France
Germany [ˈdʒɜːmənɪ]	l'Allemagne
Great Britain [ˈgreɪtˈbrɪtən]	la Grande-Bretagne
Greece [griːs]	la Grèce
Holland [ˈhɒlənd]	la Hollande
Hungary [ˈhʌŋgərɪ]	la Hongrie
India [ˈɪndɪə]	l'Inde
Ireland [ˈaɪələnd]	l'Irlande
Israel [ˈɪzreɪl]	Israël
Italy [ˈɪtəlɪ]	l'Italie
Japan [dʒəˈpæn]	le Japon
Luxemb(o)urg [ˈlʌksəmbɜːg]	le Luxembourg
Mexico [ˈmeksɪkəʊ]	le Mexique
Morocco [məˈrɒkəʊ]	le Maroc

COUNTRIES (*ctd*)

the Netherlands ['neðələndz]	les Pays-Bas
New Zealand [nju:'zi:lənd]	la Nouvelle-Zélande
Northern Ireland ['nɔ:ðən–]	l'Irlande du Nord
Norway ['nɔ:weɪ]	la Norvège
Pakistan [pækɪ'stæn]	le Pakistan
Poland ['pəʊlənd]	la Pologne
Portugal ['pɔ:tjʊgəl]	le Portugal
Rumania [ru:'meɪnɪə]	la Roumanie
Russia ['rʌʃə]	la Russie
Scandinavia [skændɪ'neɪvɪə]	la Scandinavie
Scotland ['skɒtlənd]	l'Écosse
South Africa [saʊθ–]	l'Afrique du Sud
South America [–ə'merɪkə]	l'Amérique du Sud
Spain [speɪn]	l'Espagne
Sweden ['swi:dən]	la Suède
Switzerland ['swɪtsələnd]	la Suisse
Tunisia [tju:'nɪzɪə]	la Tunisie
Turkey ['tɜ:kɪ]	la Turquie
the United States [ju:'naɪtəd'steɪts]	les États-Unis
U.S.S.R. ['ju:eses'ɑ:]	l'U.R.S.S.
Wales [weɪlz]	le pays de Galles
Yugoslavia [ju:gəʊ'slɑ:vɪə]	la Yougoslavie

my native country mon pays natal
the capital of France la capitale de la France
what country do you come from? de quel pays venez-vous?
in the Netherlands/in Wales/in Italy aux Pays-Bas/au pays de Galles/en Italie
the Common Market le Marché commun
the Commonwealth le Commonwealth

*CYCLING

bicycle ['baɪsɪkəl]	bicyclette
bike [baɪk]	vélo
brake [breɪk]	frein
chain [tʃeɪn]	chaîne
cycling ['saɪklɪŋ]	cyclisme
cyclist ['saɪklɪst]	cycliste
gear [gɪə]	vitesse (*mécanisme*)
lamp [læmp]	lampe
pedal ['pedəl]	pédale
pump [pʌmp]	pompe
puncture ['pʌŋktjə]	crevaison
speed [spiːd]	vitesse
tyre ['taɪə]	pneu
wheel* [wiːl]	roue

**CYCLING

bell [bel]	sonnette
crossbar ['krɒsbɑː]	barre
dynamo ['daɪnəməʊ]	dynamo
handlebars ['hændəlbɑːz] (*pl*)	guidon
hill* [hɪl]	côte
luggage rack ['lʌgɪdʒ'ræk]	porte-bagages
mud flap ['mʌdflæp]	pare-boue
mudguard ['mʌdgɑːd]	garde-boue
saddle ['sædəl]	selle
saddlebag [–'bæg]	sacoche (de bicyclette)
slope [sləʊp]	côte, pente

***CYCLING

hub [hʌb]	moyeu
pannier ['pænjə]	sacoche (de bicyclette)
puncture repair kit [–rɪ'peəkɪt]	trousse de secours pour crevaisons
reflector [rɪ'flektə]	catadioptre, cataphote
spoke [spəʊk]	rayon
valve [vælv]	valve

to ride a bicycle aller à bicyclette
to cycle to town aller en ville en bicyclette
to get onto one's bike monter à bicyclette
to go for a bike ride faire une promenade à *ou* en bicyclette
to have a puncture crever, avoir un pneu crevé
to have a flat tyre être à plat
to blow up the tyres gonfler les pneus
to change gear changer de vitesse; **to brake** freiner
the brakes failed les freins ont lâché

*DESCRIBING PEOPLE

age* [eɪdʒ]	âge
beard [bɪəd]	barbe
face* [feɪs]	visage, figure
glasses ['glɑːsəz]	lunettes
hair* [heə] (*sg*)	cheveux
height* [haɪt]	taille, hauteur
moustache [məˈstɑːʃ]	moustache
size* [saɪz]	taille, carrure

how old are you? quel âge avez-vous?
I am 16 (years old) j'ai 16 ans
a young man un jeune homme
an old man un vieil homme
a middle-aged man un homme d'un certain âge

how tall are you? combien mesurez-vous?
I'm 6 feet tall je mesure 1,80 m
a short/tall man un homme de petite/grande taille
a man of average height un homme de taille moyenne

the man with blue eyes l'homme aux yeux bleus
to have deepset eyes avoir les yeux enfoncés
to have brown/hazel eyes avoir les yeux marron/noisette
to be short-sighted/long-sighted être myope/hypermétrope
to wear glasses/tinted lenses porter des lunettes/des verres fumés

curly/wavy/straight hair les cheveux bouclés *ou* frisés/ondulés/raides
blond *or* **fair hair** les cheveux blonds
dark hair les cheveux bruns
chestnut hair les cheveux châtains
red-haired roux
fair blond; **dark** brun
she has a perm elle s'est fait faire une permanente
to have a moustache/beard porter la moustache/la barbe
bearded barbu

**DESCRIBING PEOPLE

appearance [ə'pɪərəns]	air
beauty ['bju:tɪ]	beauté
colouring ['kʌlərɪŋ]	teint
complexion [kəm'plekʃən]	teint
contact lenses ['kɒntækt'lenzəz]	verres (de contact)
curl [kɜ:l]	boucle
expression [ek'spreʃən]	expression
feature ['fi:tʃə]	trait
freckle ['frekəl]	tache de rousseur
fringe [frɪndʒ]	frange
gesture ['dʒestʃə]	geste
habit ['hæbɪt]	habitude
hairstyle ['heəstaɪl]	coiffure
mood [mu:d]	humeur
movement ['mu:vmənt]	geste
nature ['neɪtʃə]	nature
perm [pɜ:m]	permanente
scar [skɑ:]	cicatrice
spot [spɒt]	bouton
ugliness ['ʌglɪnəs]	laideur
wrinkle ['rɪŋkəl]	ride

to have a sallow/pale complexion avoir le teint jaune/pâle
to have a fresh complexion avoir le teint frais
to be tanned être bronzé
a wrinkled face une figure ridée
to have delicate features avoir des traits fins
to look drawn avoir les traits tirés
to bite one's nails se ronger les ongles
to have a double chin avoir un double menton
he looks sad/tired il a l'air triste/fatigué
he looks like his father il ressemble à son père
to look odd *or* **funny** avoir un drôle d'air

***DESCRIBING PEOPLE

character* ['kærəktə]	caractère
dimple ['dɪmpəl]	fossette
false teeth ['fɔːls'tiːθ] (*pl*)	dentier
fault* [fɔːlt]	défaut
humour* ['hjuːmə]	humeur
personality [pɜːsə'nælɪtɪ]	personnalité
quality ['kwɒlɪtɪ]	qualité
resemblance [rɪ'zembləns]	ressemblance
similarity [sɪmɪ'lærɪtɪ]	ressemblance
smile [smaɪl]	sourire

to be ashamed/afraid of doing something avoir honte/peur de faire quelque chose

to have a clear/guilty conscience avoir bonne/mauvaise conscience

to be in a good/bad mood être de bonne/mauvaise humeur

to be good-natured avoir bon caractère

to be bad-tempered avoir mauvais caractère

to look bored avoir l'air de s'ennuyer

to be bored s'ennuyer

to be angry (with somebody) être en colère (contre quelqu'un)

to get angry se fâcher, se mettre en colère

in tears en larmes

on the verge of tears au bord des larmes

to have tears in one's eyes avoir les larmes aux yeux

to be in the habit of doing avoir l'habitude de faire

to be about to do être sur le point de faire

to change one's mind changer d'avis

there is a certain resemblance between . . . il y a une certaine ressemblance entre . . .

DESCRIBING PEOPLE – ADJECTIVES

angry ['æŋgrɪ]	fâché
awkward ['ɔːkwəd]	maladroit
beautiful ['bjuːtɪfʊl]	beau
big [bɪg]	grand; gros
blind★ [blaɪnd]	aveugle
brave [breɪv]	courageux
charming ['tʃɑːmɪŋ]	charmant
cheerful ['tʃɪəfʊl]	gai
clever ['klevə]	intelligent; habile
clumsy ['klʌmzɪ]	maladroit
cunning ['kʌnɪŋ]	astucieux
deaf [def]	sourd
delightful [dɪ'laɪtfʊl]	charmant
dishonest [dɪs'ɒnɪst]	malhonnête
dumb [dʌm]	muet
fat [fæt]	gros
friendly ['frendlɪ]	amical
generous ['dʒenərəs]	généreux
graceful ['greɪsfʊl]	gracieux
greedy ['griːdɪ]	gourmand
handsome ['hænsəm]	beau
happy ['hæpɪ]	heureux
hard [hɑːd]	dur
hard-working ['–'wɜːkɪŋ]	travailleur
harsh [hɑːʃ]	dur
heavy ['hevɪ]	lourd
honest ['ɒnɪst]	honnête
intelligent [ɪn'telɪdʒənt]	intelligent
jealous ['dʒeləs]	jaloux
kind [kaɪnd]	gentil
large [lɑːdʒ]	gros
lazy ['leɪzɪ]	paresseux
left-handed [left'hændəd]	gaucher
light★ [laɪt]	léger
little ['lɪtəl]	petit
lively ['laɪvlɪ]	plein d'entrain
lonely ['ləʊnlɪ]	seul
mean [miːn]	avare
modest ['mɒdɪst]	modeste
nasty ['nɑːstɪ]	méchant, mauvais
naughty ['nɔːtɪ]	méchant, vilain
neat [niːt]	soigné
nice [naɪs]	sympathique

to be sitting (down) *or* **seated** être assis
to be lying down être couché; **to be standing (up)** être debout

DESCRIBING PEOPLE – ADJECTIVES (ctd)

old [əʊld]	vieux
pale [peɪl]	pâle
pleasant ['plezənt]	sympathique
polite [pə'laɪt]	poli
poor [pʊə]	pauvre
pretty ['prɪtɪ]	joli
proud [praʊd]	fier
rich [rɪtʃ]	riche
right-handed [raɪt'hændəd]	droitier
rude [ruːd]	impoli
sad [sæd]	triste
sallow ['sæləʊ]	jaunâtre
short [ʃɔːt]	petit
shy [ʃaɪ]	timide
silly ['sɪlɪ]	bête
skinny ['skɪnɪ]	maigre
slender ['slendə]	mince
slim [slɪm]	mince
small [smɔːl]	petit
stout [staʊt]	corpulent
strong [strɒŋ]	fort
stupid ['stjuːpɪd]	stupide
sunburnt ['sʌnbɜːnt]	bronzé
tall [tɔːl]	grand
thickset ['θɪk'set]	trapu
thin [θɪn]	maigre
tidy ['taɪdɪ]	ordonné
tired ['taɪəd]	fatigué
ugly ['ʌglɪ]	laid
unhappy [ʌn'hæpɪ]	malheureux
untidy [ʌn'taɪdɪ]	désordonné
weak [wiːk]	faible
worried ['wʌrɪd]	inquiet
well-behaved ['welbɪ'heɪvd]	sage
well-groomed ['wel'gruːmd]	soigné
young [jʌŋ]	jeune

as blind as a bat myope comme une taupe
as brave as a lion courageux comme un lion
as busy as a bee très occupé
as deaf as a post sourd comme un pot
as fit as a fiddle en pleine forme
as pleased as Punch heureux comme un roi
as proud as a peacock fier comme Artaban
as strong as an ox or **a horse** fort comme un Turc
as thin as a rake maigre comme un clou

*DRINK

alcohol [ˈælkəhɒl]	alcool
beer [bɪə]	bière
bottle [ˈbɒtəl]	bouteille
brandy [ˈbrændɪ]	cognac
can [kæn]	boîte
cider [ˈsaɪdə]	cidre
cocoa [ˈkəʊkəʊ]	cacao
coffee [ˈkɒfiː]	café
Coke [kəʊk]	coca(-cola)
cup* [kʌp]	tasse
drink [drɪŋk]	boisson
fruit juice [ˈfruːtdʒuːs]	jus de fruit
glass [glɑːs]	verre
hot chocolate [hɒtˈtʃɒklət]	chocolat chaud
kettle [ˈketəl]	bouilloire
lemonade [leməˈneɪd]	limonade
milk [mɪlk]	lait
saucer [ˈsɔːsə]	soucoupe
soft drink [ˈsɒft–]	boisson non alcoolisée
tea* [tiː]	thé
water [ˈwɔːtə]	eau
whisky [ˈwɪskɪ]	whisky
wine [waɪn]	vin

**DRINK

bitter [ˈbɪtə]	bière brune
bitter lemon [–ˈlemən]	Schweppes au citron
champagne [ʃæmˈpeɪn]	champagne
coffee cup	tasse à café
coffee pot [–ˈpɒt]	cafetière
flask [flɑːsk]	thermos
gin [dʒɪn]	gin

a black/white coffee un café noir/crème
orange/tomato/grapefruit juice le jus d'orange/de tomates/de pamplemousse
a cup of tea/coffee une tasse de thé/café
a glass/bottle of wine un verre/une bouteille de vin
to drink boire
to be (very) thirsty avoir (très) soif

**DRINK (*ctd*)

jug [dʒʌg]	pot
lager ['lɑ:gə]	bière blonde
mug [mʌg]	chope
rum [rʌm]	rhum
shandy ['ʃændɪ]	panaché
teacup ['ti:kʌp]	tasse à thé
teapot ['ti:pɒt]	théière
teaspoon ['ti:spu:n]	cuillère à thé *ou* à café
vodka ['vɒdkə]	vodka

***DRINK

cork [kɔ:k]	bouchon
ice cube ['aɪskju:b]	glaçon
instant coffee ['ɪnstənt–]	café en poudre
lemon tea ['lemən–]	thé au citron
milk jug ['– –]	pot à lait
milk shake ['–'ʃeɪk]	milk shake
mineral water ['mɪnrəl–]	eau minérale
soda water ['səʊdə–]	eau gazeuse
tea-strainer ['ti:streɪnə]	passoire (à thé)

TOBACCO

ashtray ['æʃtreɪ]	cendrier
cigar [sɪ'gɑ:]	cigare
cigarette [sɪgə'ret]	cigarette
lighter ['laɪtə]	briquet
match* [mætʃ]	allumette
matchbox ['mætʃbɒks]	boîte d'allumettes
pipe* [paɪp]	pipe
tobacco [tə'bækəʊ]	tabac

a box of matches une boîte d'allumettes
a packet of cigarettes un paquet de cigarettes
(filter-)tipped cigarettes les cigarettes filtre
to smoke fumer
have you got a light? avez-vous du feu?
to put out/light a cigarette éteindre/allumer une cigarette
to give up smoking arrêter de fumer

*EDUCATION

answer ['ɑːnsə]	réponse
arithmetic [ə'rɪθmətɪk]	arithmétique
art [ɑːt]	dessin (*art*)
ballpoint pen ['bɔːlpɔɪnt'–]	stylo à bille
biology [baɪ'ɒlədʒɪ] (*sg*)	sciences naturelles
blackboard ['blækbɔːd]	tableau (noir)
book [bʊk]	livre
briefcase ['briːfkeɪs]	serviette
chalk [tʃɔːk]	craie
chemistry ['kemɪstrɪ]	chimie
class [klɑːs]	classe
classroom ['klɑːsruːm]	salle de classe
college ['kɒlɪdʒ]	collège
corridor ['kɒrɪdɔː]	couloir
desk [desk]	pupitre
dictionary ['dɪkʃənrɪ]	dictionnaire
education [edjʊ'keɪʃən]	éducation
English ['ɪŋglɪʃ]	anglais
essay ['eseɪ]	composition
exam [eg'zæm]	examen
examination [egzæmɪ'neɪʃən]	examen
exercise ['eksəsaɪz]	exercice
exercise book	cahier (d'exercices)
fountain pen ['faʊntən–]	stylo (à encre)
French [frentʃ]	français
friend [frend]	ami(e), camarade
geography [dʒɪ'ɒgrəfɪ]	géographie
German ['dʒɜːmən]	allemand
history ['hɪstrɪ]	histoire (*étude*)
holiday ['hɒlɪdeɪ]	jour de congé
holidays [–z]	vacances
homework ['həʊmwɜːk] (*sg*)	devoirs
ink [ɪŋk]	encre
jotter ['dʒɒtə]	cahier de brouillon
laboratory [lə'bɒrətrɪ]	laboratoire
Latin ['lætɪn]	latin
lecture ['lektjə]	conférence (*exposé*)
lesson ['lesən]	leçon

to sit an exam passer un examen
to pass an exam réussir à un examen
to fail an exam échouer à un examen
to do one's homework faire ses devoirs; **to study** étudier
during the summer holidays pendant les grandes vacances
to learn something by heart apprendre quelque chose par cœur
to wipe the blackboard essuyer le tableau (noir)
to write in one's exercise book écrire dans son cahier (d'exercices)

*EDUCATION (*ctd*)

lessons [-z]	cours
map [mæp]	carte
mark* [mɑːk]	note
mathematics [mæθ'mætɪks] (*sg*)	mathématiques
maths [mæθs] (*sg*)	maths
mistake [mɪ'steɪk]	faute
music ['mjuːzɪk]	musique
notebook ['nəʊtbʊk]	carnet
paper ['peɪpə]	papier
pen [pen]	stylo
pencil ['pensəl]	crayon
physics ['fɪzɪks] (*sg*)	physique
playground ['pleɪgraʊnd]	cour (de récréation)
primary school ['praɪmərɪ–]	école primaire
prize [praɪz]	prix
pupil* ['pjuːpəl]	élève
question ['kwestjən]	question
reading ['riːdɪŋ]	lecture
result [rɪ'zʌlt]	résultat
rubber* ['rʌbə]	gomme
ruler ['ruːlə]	règle
satchel ['sætʃəl]	cartable
school [skuːl]	école
schoolbag ['–bæg]	cartable
schoolboy ['–bɔɪ]	élève (*m*)
schoolgirl ['–gɜːl]	élève (*f*)
science ['saɪəns] (*sg*)	sciences
secondary school ['sekəndrɪ–]	école secondaire
Spanish ['spænɪʃ]	espagnol
story ['stɔːrɪ]	histoire (*récit*)
student ['stjuːdənt]	étudiant(e)
studies ['stʌdɪz]	études
teacher ['tiːtʃə]	professeur; instituteur(trice)
test [test]	épreuve
timetable* ['taɪmteɪbəl]	emploi du temps
university [juːnɪ'vɜːsɪtɪ]	université

to go to school aller à l'école (*ou* au lycée *etc*)
to leave school quitter l'école (*etc*)
the German teacher le professeur d'allemand
to teach French enseigner le français
to punish a pupil punir un élève
to get a good mark *or* **good marks** avoir une bonne note
in first year, in the first form en sixième
to rub out effacer; **to correct** corriger

**EDUCATION

A-levels ['eɪlevəlz] (pl)	≈ baccalauréat
algebra ['ældʒəbrə]	algèbre
break* [breɪk]	récréation
certificate [sə'tɪfɪkɪt]	certificat
cloakroom ['kləʊkruːm]	vestiaire
College of Education	école normale
composition [kɒmpə'zɪʃən]	composition
comprehensive school [kɒmprɪ'hensɪv–]	≈ CEG
dictation [dɪk'teɪʃən]	dictée
diploma [dɪ'pləʊmə]	diplôme
domestic science [də'mestɪk–] (sg)	arts ménagers
drawing ['drɔːɪŋ]	dessin
geometry [dʒɪ'ɒmətrɪ]	géométrie
grammar ['græmə]	grammaire
gym [dʒɪm]	gymnastique
headmaster [hed'mɑːstə]	directeur; principal
headmistress [–'mɪstrəs]	directrice
homecraft ['həʊmkrɑːft] (sg)	arts ménagers
Italian [ɪ'tæljən]	italien
language laboratory ['læŋgwɪdʒ–]	laboratoire de langues
modern languages ['mɒdən'læŋgwɪdʒɪz]	langues étrangères
needlework ['niːdəlwɜːk]	couture
nursery school ['nɜːsrɪ–]	école maternelle
O-levels ['əʊlevəlz] (pl)	≈ B.E.P.C.
pass* [pɑːs]	moyenne, mention passable
physical education ['fɪzɪkəl–]	éducation physique
primary teacher	instituteur(trice)
punishment ['pʌnɪʃmənt]	punition
report* [rɪ'pɔːt]	bulletin scolaire
secondary teacher	professeur
sentence* ['sentəns]	phrase
singing ['sɪŋɪŋ]	chant
staff [stɑːf]	personnel
staffroom ['stɑːfruːm]	salle des professeurs
subject ['sʌbdʒekt]	matière
tape recorder ['teɪprɪ'kɔːdə]	magnétophone
teaching ['tiːtʃɪŋ]	enseignement
technical college ['teknɪkəl–]	collège technique
term* [tɜːm]	trimestre
vocabulary [və'kæbjʊlərɪ]	vocabulaire

to play truant faire l'école buissonnière

***EDUCATION

absence ['æbsəns]	absence
behaviour [bɪ'heɪvjə]	conduite
blot [blɒt]	tache
blotting paper ['blɒtɪŋ–]	papier buvard
boarder ['bɔːdə]	interne, pensionnaire
boarding school ['bɔːdɪŋ–]	internat
calculator ['kælkjʊleɪtə]	machine à calculer
canteen [kæn'tiːn]	cantine, réfectoire
co-ed ['kəʊ'ed]	école mixte
corporal punishment ['kɔːprəl–]	châtiment corporel
day-boy ['deɪbɔɪ]	externe (m), demi-pensionnaire
detention [dɪ'tenʃən]	colle, retenue
dining hall ['daɪnɪŋ'hɔːl]	cantine, réfectoire
dormitory ['dɔːmɪtrɪ]	dortoir
examiner [eg'zæmɪnə]	examinateur
Greek [griːk]	grec
handwriting ['hænd'raɪtɪŋ]	écriture
mixed school ['mɪkst–]	école mixte
natural history ['nætʃrəl–]	histoire naturelle
pencil sharpener [–'ʃɑːpnə]	taille-crayon
poetry ['pəʊətrɪ]	poésie
preparatory school [prɪ'pærətrɪ–]	école primaire privée
prize-giving ['praɪz'gɪvɪŋ]	distribution des prix
progress ['prəʊgres] (sg)	progrès
project ['prɒdʒekt]	dossier
propelling pencil [prə'pelɪŋ–]	stylomine
prose translation ['prəʊz–]	thème
public school ['pʌblɪk–]	collège secondaire privé
religious education [rɪ'lɪdʒəs–]	instruction religieuse
rough copy [rʌf'kɒpɪ]	brouillon
rule [ruːl]	règlement
Russian ['rʌʃən]	russe
spelling ['spelɪŋ]	orthographe
success [sʌk'ses]	succès
translation [trænz'leɪʃən]	traduction
unseen translation ['ʌnsiːn–]	version
woodwork ['wʊdwɜːk]	menuiserie

to graduate (from university) obtenir sa licence
to revise réviser

ANNOYANCE
bother!, dash (it)!, drat!
(well) really!
what a cheek or nerve!, of all
 the cheek or nerve!
what a nuisance!
for goodness' or heaven's sake!
look here, . . .
hey!

MÉCONTENTEMENT
zut!
vraiment!
quel toupet!

quelle barbe!
bon sang!
dites donc, . . .
hé!

SURPRISE
my goodness!, goodness me!
what!
really?
well!
well, well!, fancy that!
well I never!
you're kidding or joking!
my word!
good grief or heavens!

ÉTONNEMENT
mon Dieu!
quoi!, comment!
c'est vrai?
tiens!
tiens, tiens
ça, par exemple!
vous plaisantez!
ma parole!
mon Dieu!

DISTRESS
help!
ouch!, ow!
oh dear!
oh no!
what a pity!
how awful or dreadful!

DÉTRESSE
au secours!
aïe!
oh là là
hélas!
quel dommage!
quelle horreur!

ORDERS
stop!
(be) careful!
look out!, watch out!
be quiet!, keep quiet!
mind your own business
that's enough!
come on!
go on!, go ahead!

ORDRES
halte-là!
(faites) attention!
attention!
taisez-vous!
mêlez-vous de vos affaires
ça suffit!
allez!; dépêchez-vous!
allez-y!

OTHERS
here (you are)
there (you are)
congratulations!
good luck!
cheers!, your health!
bless you!
many happy returns!
happy birthday!

AUTRES
tenez
voilà
félicitations!
bonne chance!
à la vôtre!
à vos souhaits!
bon anniversaire!
bon anniversaire!

GREETINGS	SALUTATIONS
hello	bonjour; allô
how do you do?	enchanté
pleased to meet you	enchanté
how are you?	ça va?
hi (there)!	salut!
good morning	bonjour
good afternoon	bonjour
good evening	bonsoir
good night	bonsoir
goodbye!	au revoir!
cheerio!, bye(-bye)!	salut!
see you later!	à tout à l'heure!; à bientôt!

POLITENESS	POLITESSE
please	s'il vous plaît
yes please	oui s'il vous plaît
thank you, thanks	merci
no thank you, no thanks	non merci
pardon?	comment?
excuse me!	pardon!
sorry!	pardon!
after you	après vous
you're welcome, my pleasure	il n'y a pas de quoi
my mistake!	c'est de ma faute!

AGREEMENT	ACCORD
yes	oui
OK, agreed, all right	d'accord
of course!, certainly!	bien sûr!
of course not!	bien sûr que non!
definitely!	absolument!
exactly!	justement!
fine, very good	très bien
even better!	encore mieux!

DISAGREEMENT	DÉSACCORD
no	non
of course not!	certainement pas!
certainly not!	certainement pas!
definitely not!	absolument pas!
on the contrary	au contraire
not on your life!	jamais de la vie!

OTHERS	AUTRES
good riddance!	bon débarras!
so?, so what?	et alors?
thank heaven(s) *or* **goodness!**	Dieu merci!

*THE FAMILY

adults ['ædʌlts]	adultes
aunt [ɑ:nt]	tante
baby ['beɪbɪ]	bébé
boy [bɔɪ]	garçon
bride [braɪd]	jeune mariée
bridegroom ['–gru:m]	marié
brother ['brʌðə]	frère
child [tʃaɪld] (*pl* **children** ['tʃɪldrən])	enfant
couple ['kʌpəl]	couple
cousin ['kʌzən]	cousin(e)
dad(dy) ['dæd(ɪ)]	papa
daughter ['dɔ:tə]	fille
family ['fæmlɪ]	famille
father ['fɑ:ðə]	père
girl [gɜ:l]	(petite) fille; jeune fille
grandchildren ['grænd–]	petits-enfants
granddaughter	petite-fille
grandfather	grand-père
grandmother	grand-mère
grandparents	grands-parents
grandson	petit-fils
husband ['hʌzbənd]	mari
man [mæn] (*pl* **men** [men])	homme
mother ['mʌðə]	mère
mum(my) ['mʌm(ɪ)]	maman
name [neɪm]	nom
nephew ['nefju:]	neveu
niece [ni:s]	nièce
parents ['peərənts]	parents
people* ['pi:pəl] (*pl*)	gens
person ['pɜ:sən]	personne
relation [rɪ'leɪʃən]	parent(e)
relative ['relətɪv]	parent(e)
sister ['sɪstə]	sœur
son [sʌn]	fils
uncle ['ʌŋkəl]	oncle
wife [waɪf] (*pl* **wives** [waɪvz])	femme (*épouse*)
woman ['wʊmən] (*pl* **women** ['wɪmɪn])	femme

what is his name?, what is he called? comment s'appelle-t-il?
to call a child Paul appeler un enfant Paul
his only son/daughter son fils/sa fille unique
at the Smiths' (house) chez les Smith
to bring up a family élever une famille
my father is getting old mon père vieillit
young people (*pl*) les jeunes

****THE FAMILY**

age* [eɪdʒ]	âge
bachelor ['bætʃələ]	célibataire (*m*)
boyfriend ['bɔɪfrend]	petit ami
Christian name ['krɪstʃənneɪm]	prénom
fiancé [fɪ'ɑ̃:nseɪ]	fiancé
fiancée [fɪ'ɑ̃:nseɪ]	fiancée
first name ['fɜ:stneɪm]	prénom
girlfriend ['gɜ:lfrend]	petite amie
grown-ups ['grəʊnʌps]	grandes personnes
home [həʊm]	maison (*foyer*)
housewife ['haʊswaɪf] (*pl* **–wives** [–waɪvz])	ménagère
kid* [kɪd]	gosse
neighbour ['neɪbə]	voisin(e)
newly-weds ['nju:lɪ'wedz]	jeunes mariés
old age [əʊld'–]	vieillesse
(old-age) pensioner [('əʊldeɪdʒ)'penʃənə]	retraité(e)
orphan ['ɔ:fən]	orphelin(e)
surname ['sɜ:neɪm]	nom de famille
twins [twɪnz]	jumeaux (jumelles)
widow ['wɪdəʊ]	veuve
widower ['wɪdəʊə]	veuf
youth [ju:θ] (*pl* **–s** [ju:ðz])	jeunesse; jeune homme

they are the same age ils sont du même âge
older than plus âgé que; **younger than** plus jeune que
his elder/younger brother son frère aîné/cadet
the eldest/youngest of 4 l'aîné(e)/le cadet (la cadette) de 4
my twin brother mon frère jumeau; **my twin sister** ma sœur jumelle
family tree l'arbre généalogique
who is the head of the family? qui est le chef de famille?
my mother goes out to work ma mère travaille
to stay at home rester à la maison
to get to know somebody faire la connaissance de quelqu'un
children are dependent on their parents les enfants dépendent de leurs parents
in my youth, when I was young dans ma jeunesse
to marry somebody se marier avec quelqu'un
to remarry se remarier; **to get divorced** divorcer
my aunt is a widow/an old-age pensioner ma tante est veuve/est retraitée
my uncle is a widower/an old-age pensioner mon oncle est veuf/est retraité

***THE FAMILY

ancestor ['ænsestə]	ancêtre
brother-in-law[1] [–ɪnlɔː]	beau-frère
daughter-in-law[1]	bru
father-in-law[1]	beau-père
godfather ['gɒd'faːðə]	parrain
godmother ['gɒd'mʌðə]	marraine
great-aunt ['greɪt–]	grand-tante
great-grandchildren	arrière-petits-enfants
great-granddaughter	arrière-petite-fille
great-grandfather	arrière-grand-père
great-grandmother	arrière-grand-mère
great-grandparents	arrière-grands-parents
great-grandson	arrière-petit-fils
great-nephew	petit-neveu
great-niece	petite-nièce
great-uncle	grand-oncle
guardian ['gaːdjən]	tuteur(trice)
maiden name ['meɪdənneɪm]	nom de jeune fille
mother-in-law[1]	belle-mère
nickname ['nɪkneɪm]	surnom
orphanage ['ɔːfənɪdʒ]	orphelinat
sister-in-law[1]	belle-sœur
son-in-law[1]	gendre
spinster ['spɪnstə]	célibataire (*f*)
stepbrother ['step–]	demi-frère
stepdaughter	belle-fille (*remariage*)
stepfather	beau-père (*remariage*)
stepmother	belle-mère (*remariage*)
stepsister	demi-sœur
stepson	beau-fils
triplets ['trɪpləts]	triplé(e)s

1. *pl* brothers-in-law, sisters-in-law *etc.*

*THE FARM

animal ['ænıməl]	animal
bull [bʊl]	taureau
calf* [kɑ:f] (*pl* **calves** [kɑ:vz])	veau
cat [kæt]	chat
chicken ['tʃıkən]	poulet
cock [kɒk]	coq
country* ['kʌntrı]	campagne
cow [kaʊ]	vache
dog [dɒg]	chien
duck [dʌk]	canard
earth* [ɜ:θ]	terre
farm [fɑ:m]	ferme
farmer ['fɑ:mə]	fermier
farmhouse ['fɑ:mhaʊs]	maison de ferme
field* [fi:ld]	champ
forest ['fɒrəst]	forêt
gate* [geıt]	barrière
goat [gəʊt]	chèvre
goose [gu:s] (*pl* **geese** [gi:s])	oie
ground* [graʊnd]	sol; terrain
hen [hen]	poule
horse [hɔ:s]	cheval
lamb [læm]	agneau
mud [mʌd]	boue
pig [pıg]	cochon
sheep [ʃi:p] (*pl inv*)	mouton
stream [stri:m]	ruisseau
village ['vılıdʒ]	village

to **work on a farm** travailler dans une ferme
to **milk the cows** traire les vaches
to **collect the eggs** ramasser les œufs
to **feed the hens** donner à manger aux poules

**THE FARM

barn [ba:n]	grange
cart [ka:t]	charrette
cart-horse ['ka:thɔːs]	cheval de trait
cattle ['kætəl] (*pl*)	bétail
chick [tʃɪk]	poussin
corn [kɔːn]	blé
crop [krɒp]	récolte
donkey ['dɒŋkɪ]	âne
farmyard ['fɑːmjɑːd]	basse-cour
fence [fens]	clôture
harvest ['hɑːvəst]	moisson; récolte
hay [heɪ]	foin
haystack ['heɪstæk]	meule de foin
hill* [hɪl]	colline
ladder ['lædə]	échelle
land [lænd]	terre; terrain
ox [ɒks] (*pl* **oxen** ['ɒksən])	bœuf
pond* [pɒnd]	mare; étang
potato [pə'teɪtəʊ] (*pl* –**es** [–z])	pomme de terre
seed* [siːd]	graine; semence
sheep-dog ['ʃiːpdɒg]	chien de berger
spade* [speɪd]	bêche
stable ['steɪbəl]	écurie
straw [strɔː]	paille
tractor ['træktə]	tracteur
van [væn]	camionnette
wheat [wiːt]	blé

to bring in the crops faire la récolte
the cows are grazing in the field les vaches paissent dans le champ
to plough the fields labourer les champs
a thatched cottage une petite maison au toit de chaume

***THE FARM

barley ['bɑ:lɪ]	orge
bucket ['bʌkɪt]	seau
byre ['baɪə]	étable
cereal crop ['sɪərɪəl'krɒp]	céréale
churn [tʃɜ:n]	baratte
combine harvester ['kɒmbaɪn'hɑ:vəstə]	moissonneuse-batteuse
cottage ['kɒtɪdʒ]	cottage
cowshed ['kaʊʃed]	étable
ditch [dɪtʃ]	fossé
dust [dʌst]	poussière
fertilizer ['fɜ:tɪlaɪzə]	engrais
flock [flɒk]	troupeau (*moutons*)
foal [fəʊl]	poulain
foot and mouth disease ['fʊtənd'maʊθdɪ'zi:z]	fièvre aphteuse
furrow ['fʌrəʊ]	sillon
grain [greɪn]	grain
heap [hi:p]	tas
heath [hi:θ]	lande
hen coop ['henku:p]	poulailler
henhouse ['henhaʊs]	poulailler
herd [hɜ:d]	troupeau (*bétail*)
kid★ [kɪd]	chevreau
loft [lɒft]	grenier
manure [mə'njʊə]	fumier
meadow ['medəʊ]	pré
mill [mɪl]	moulin
moor [mɔ:]	lande
oats [əʊts] (*pl*)	avoine
pail [peɪl]	seau
peasant ['pezənt]	paysan(ne)
pigsty ['pɪgstaɪ]	porcherie
pile [paɪl]	tas
pitchfork ['pɪtʃfɔ:k]	fourche (à foin)
plough [plaʊ]	charrue
ploughman ['plaʊmən]	laboureur
ram [ræm]	bélier
rye [raɪ]	seigle
scarecrow ['skeəkrəʊ]	épouvantail
sheaf [ʃi:f] (*pl* **sheaves** [ʃi:vz])	gerbe
shed★ [ʃed]	hangar
shepherd ['ʃepəd]	berger
turkey★ ['tɜ:kɪ]	dindon
well [wel]	puits

*FISH

fish [fɪʃ]	poisson
goldfish ['gəʊldfɪʃ]	poisson rouge
tail [teɪl]	queue

**FISH

cod [kɒd]	morue
haddock ['hædək]	haddock
herring ['herɪŋ]	hareng
plaice [pleɪs]	plie
salmon ['sæmən]	saumon
sardine [sɑːˈdiːn]	sardine
sole [səʊl]	sole
trout [traʊt]	truite
whiting ['waɪtɪŋ]	merlan

***FISH

crawfish ['krɔːfɪʃ]	langouste
crayfish ['kreɪfɪʃ]	langouste
eel [iːl]	anguille
fin [fɪn]	nageoire
gills [gɪlz]	branchies
hake [heɪk]	colin, merlu
lobster ['lɒbstə]	homard
mussel ['mʌsəl]	moule
octopus ['ɒktəpəs]	pieuvre
oyster ['ɔɪstə]	huître
pike [paɪk]	brochet
prawn [prɔːn]	crevette rose
scale [skeɪl]	écaille
scampi ['skæmpɪ] (pl)	langoustines
seafood ['siːfuːd] (sg)	fruits de mer
shark [ʃɑːk]	requin
shellfish ['ʃelfɪʃ]	fruits de mer
shrimp [ʃrɪmp]	crevette
tuna fish ['tjuːnə'–]	thon

to go fishing aller à la pêche
to swim nager

*INSECTS

bee [biː]	abeille
beetle ['biːtəl]	cafard
butterfly ['bʌtəflaɪ]	papillon
fly [flaɪ]	mouche
insect ['ɪnsekt]	insecte
spider ['spaɪdə]	araignée
wasp [wɒsp]	guêpe
wing [wɪŋ]	aile

**INSECTS

ant [ænt]	fourmi
cricket* ['krɪkɪt]	grillon
flea [fliː]	puce
mosquito [mə'skiːtəʊ]	moustique
moth [mɒθ]	papillon de nuit
worm [wɜːm]	ver

***INSECTS

bluebottle ['bluːbɒtəl]	mouche à vers
bug [bʌg]	punaise
caterpillar ['kætəpɪlə]	chenille
centipede ['sentɪpiːd]	mille-pattes
cockroach ['kɒkrəʊtʃ]	cafard
dragonfly ['drægənflaɪ]	libellule
earwig ['ɪəwɪg]	perce-oreille
grasshopper ['grɑːshɒpə]	sauterelle
ladybird ['leɪdɪbɜːd]	coccinelle
midge [mɪdʒ]	moucheron

a swarm of bees un essaim d'abeilles
to collect butterflies faire collection de papillons
a spider's web une toile d'araignée
the bee/wasp stings l'abeille/la guêpe pique
to fly voler

*FLOWERS AND THE GARDEN

bee [biː]	abeille
bird [bɜːd]	oiseau
branch* [brɑːntʃ]	branche
bunch of flowers [ˈbʌntʃəv–z]	bouquet de fleurs
bush [bʊʃ]	buisson
butterfly [ˈbʌtəflaɪ]	papillon
daffodil [ˈdæfədɪl]	jonquille
earth* [ɜːθ]	terre
fence [fens]	clôture
flower [ˈflaʊə]	fleur
garden [ˈgɑːdən]	jardin
gardener [ˈgɑːdnə]	jardinier
gardening [ˈgɑːdnɪŋ]	jardinage
gate* [geɪt]	portail
grass* [grɑːs]	herbe; pelouse
ground* [graʊnd]	sol; terrain
hedge [hedʒ]	haie
hoe [həʊ]	houe, binette
hut [hʌt]	cabane
insect [ˈɪnsekt]	insecte
ladder [ˈlædə]	échelle

to dig the garden bêcher le jardin
to pick a bunch of flowers cueillir un bouquet de fleurs
to cut the hedge tailler la haie
the garden is surrounded by a hedge le jardin est entouré d'une haie
in bloom; in blossom; in flower fleuri, en fleur(s)
on the ground par terre
to plant planter; **to dig up** déplanter
to hoe the ground travailler le sol à la houe
to wither se flétrir; **to flower** fleurir

*FLOWERS AND THE GARDEN (*ctd*)

lawn [lɔːn]	pelouse
lawnmower ['lɔːnməʊə]	tondeuse
leaf [liːf] (*pl* **leaves** [liːvz])	feuille
orchard ['ɔːtʃəd]	verger
path* [pɑːθ] (*pl* **–s** [pɑːðz])	allée
plant [plɑːnt]	plante
pond* [pɒnd]	bassin
rake [reɪk]	râteau
rock [rɒk]	roche
rose [rəʊz]	rose
rose bush ['– –]	rosier
shed* [ʃed]	cabane
soil [sɔɪl]	sol, terre
spade* [speɪd]	bêche
stone* [stəʊn]	pierre
tree [triː]	arbre
trunk* [trʌŋk]	tronc
tulip ['tjuːlɪp]	tulipe
vegetables ['vedʒtəbəlz]	légumes
wall [wɔːl]	mur
wasp [wɒsp]	guêpe

to mow the lawn tondre la pelouse

the leaves turn yellow and fall off the trees les feuilles jaunissent et tombent des arbres

to rake up the leaves ratisser les feuilles

to cut down a tree couper *ou* abattre un arbre

the flowers grow les fleurs poussent

to grow vegetables cultiver des légumes

in the shade of a tree sous l'ombre d'un arbre

to remain in the shade rester à l'ombre

a sunny/shady spot un coin ensoleillé/ombragé

**FLOWERS AND THE GARDEN

berry ['berɪ]	baie
buttercup ['bʌtəkʌp]	bouton-d'or
carnation [kɑ:'neɪʃən]	œillet
chrysanthemum [krɪ'zænθəməm]	chrysanthème
crocus ['krəʊkəs]	crocus
daisy ['deɪzɪ]	pâquerette; marguerite
flower bed ['–bed]	plate-bande, parterre
garden seat [–'si:t]	banc de jardin
geranium [dʒɪ'reɪnɪəm]	géranium
greenhouse ['gri:nhaʊs]	serre
hose [həʊz]	tuyau d'arrosage
iris ['aɪərɪs]	iris
ivy ['aɪvɪ]	lierre
lilac ['laɪlək]	lilas
lily ['lɪlɪ]	lis
nasturtium [nəs'tɜ:ʃəm]	capucine
perfume ['pɜ:fju:m]	parfum
poppy ['pɒpɪ]	coquelicot; pavot
seeds [si:dz]	graines
shears [ʃɪəz]	cisailles
thorn [θɔ:n]	épine
tool [tu:l]	outil
trowel* ['traʊəl]	déplantoir
violet ['vaɪələt]	violette
watering can ['wɔ:trɪŋ'kæn]	arrosoir
weeds [wi:dz]	mauvaises herbes
wheelbarrow ['wi:l'bærəʊ]	brouette
worm [wɜ:m]	ver

to water the flowers arroser les fleurs
to weed the garden, do the weeding désherber le jardin
to scratch one's hand on a thorn s'écorcher la main sur une épine

***FLOWERS AND THE GARDEN

border* ['bɔ:də]	parterre
bud* [bʌd]	bourgeon; bouton
cultivation [kʌltɪ'veɪʃən]	culture
dandelion ['dændəlaɪən]	pissenlit
dew [dju:]	rosée
gladiolus [glædɪ'əʊləs]	glaïeul
hedge-cutters ['hedʒ'kʌtəz] (pl)	sécateur (à haie)
honeysuckle ['hʌnɪsʌkəl]	chèvrefeuille
hyacinth ['haɪəsɪnθ]	jacinthe
hydrangea [haɪ'dreɪndʒə]	hortensia
kitchen garden ['kɪtʃən–]	potager
orchid ['ɔ:kɪd]	orchidée
pansy ['pænzɪ]	pensée
petal ['petəl]	pétale
pool [pu:l]	bassin
primrose ['prɪmrəʊz]	primevère
rockery ['rɒkərɪ]	rocaille
rock garden ['rɒk–]	rocaille
roller* ['rəʊlə]	rouleau
root [ru:t]	racine
scent [sent]	parfum
shrub [ʃrʌb]	arbuste
snowdrop ['snəʊdrɒp]	perce-neige
stalk [stɔ:k]	tige
sunflower ['sʌnflaʊə]	tournesol
sweet pea ['swi:t'pi:]	pois de senteur
turf [tɜ:f]	gazon
vegetable garden	potager
wallflower ['wɔ:lflaʊə]	giroflée

to transplant déplanter
to prune the roses tailler les rosiers
that smells nice! ça sent bon!

*FOOD AND MEALS

beef [biːf]	bœuf
biscuit ['bɪskɪt]	biscuit
bowl* [bəʊl]	bol
bread [bred]	pain
breakfast ['brekfəst]	petit déjeuner
butter ['bʌtə]	beurre
cake [keɪk]	gâteau
can [kæn]	boîte
cheese [tʃiːz]	fromage
chicken ['tʃɪkən]	poulet
chips [tʃɪps]	frites
chocolate ['tʃɒklət]	chocolat
chop [tʃɒp]	côtelette
course* [kɔːs]	plat (*partie du repas*)
cream [kriːm]	crème
dessert [dɪ'zɜːt]	dessert
dinner ['dɪnə]	dîner
dish [dɪʃ]	plat
egg [eg]	œuf
fish [fɪʃ]	poisson
food [fuːd]	nourriture
fork* [fɔːk]	fourchette
fruit [fruːt]	fruit
ham [hæm]	jambon
ice cream ['aɪs–]	glace
jam [dʒæm]	confiture
knife [naɪf] (*pl* **knives** [naɪvz])	couteau

to be (very) hungry avoir (très) faim
to eat manger
to have lunch déjeuner; **to have tea** goûter
to have dinner dîner; **to have supper** souper
I had beef for lunch j'ai eu du bœuf à déjeuner
before lunch/dinner avant le déjeuner/le dîner

ham and eggs des œufs au jambon
scrambled eggs des œufs brouillés
a (soft-)boiled egg un œuf à la coque
a hard-boiled egg un œuf dur
a fried/poached egg un œuf sur le plat/poché
fish and chips du poisson frit avec des frites
vanilla/coffee ice cream la glace à la vanille/au café

*FOOD AND MEALS (*ctd*)

lamb [læm]	agneau
loaf [ləʊf] (*pl* **loaves** [ləʊvz])	pain
lunch [lʌntʃ]	déjeuner
marmalade ['mɑːməleɪd]	confiture d'orange
meal [miːl]	repas
meat [miːt]	viande
omelette ['ɒmlət]	omelette
pepper* ['pepə]	poivre
pie [paɪ]	tourte
plate [pleɪt]	assiette
pork [pɔːk]	porc
potato [pə'teɪtəʊ] (*pl* **-es** [-z])	pomme de terre
pudding ['pʊdɪŋ]	dessert
salad ['sæləd]	salade
salt [sɔːlt]	sel
sandwich ['sændwɪdʒ]	sandwich
sausage ['sɒsɪdʒ]	saucisse
soup [suːp]	soupe
spoon [spuːn]	cuillère
steak [steɪk]	bifteck
sugar ['ʃʊgə]	sucre
supper ['sʌpə]	souper
sweets [swiːts]	bonbons
tea* [tiː]	goûter
tin* [tɪn]	boîte
toast [təʊst]	pain grillé
vegetables ['vedʒtəbəlz]	légumes

to set *or* **lay the table** mettre le couvert *ou* la table

to clear the table débarrasser la table

to do the dishes or the **washing-up** faire la vaisselle

a slice of bread and honey/bread and jam une tartine au miel/à la confiture

to cook faire cuire; **to fry** faire frire

to boil faire bouillir; **to grill** faire griller

mashed potatoes de la purée

boiled potatoes des pommes de terre à l'anglaise *ou* à l'eau

a mushroom/cheese omelette une omelette aux champignons/au fromage

strawberries and cream des fraises à la crème

whipped cream la crème fouettée *ou* Chantilly

**FOOD AND MEALS

bacon ['beɪkən]	bacon
breakfast cereal [–'sɪərɪəl] (*sg*)	flocons de maïs/d'avoine *etc*
crisps [krɪsps]	chips
custard ['kʌstəd]	crème anglaise
dessert spoon	cuillère à dessert
flour ['flaʊə]	farine
French fries ['frentʃ'fraɪz]	frites
gammon ['gæmən]	jambon fumé
gravy ['greɪvɪ]	jus de viande, sauce
honey ['hʌnɪ]	miel
liver ['lɪvə]	foie
margarine [mɑːdʒə'riːn]	margarine
mince [mɪns]	viande hachée
mustard ['mʌstəd]	moutarde
oil* [ɔɪl]	huile
pancake ['pænkeɪk]	crêpe
picnic ['pɪknɪk]	pique-nique
porridge ['pɒrɪdʒ]	porridge
rice [raɪs]	riz
roast beef ['rəʊst'biːf]	rosbif
roll [rəʊl]	petit pain
sardines [sɑː'diːnz]	sardines
sauce [sɔːs]	sauce
stew [stjuː]	ragoût
straw [strɔː]	paille
tablespoon ['teɪbəlspuːn]	cuillère à soupe
tart [tɑːt]	tarte
taste [teɪst]	goût
tray [treɪ]	plateau
turkey* ['tɜːkɪ]	dinde
veal [viːl]	veau
vinegar ['vɪnɪgə]	vinaigre
yoghurt ['jɒgət]	yaourt

brown bread le pain bis
a cheese/ham sandwich un sandwich au fromage/au jambon
tinned tomatoes des tomates en boîte
to taste goûter; **to swallow** avaler
it tastes nice/horrible ça a bon/mauvais goût

***FOOD AND MEALS

appetite ['æpətaɪt]	appétit
baked beans [beɪkt'bi:nz]	haricots blancs à la sauce tomate
boiled ham [bɔɪld'hæm]	jambon cuit
bun [bʌn]	petit pain au lait
corned beef [kɔ:nd'bi:f]	corned-beef
crumb [krʌm]	miette
eggcup ['egkʌp]	coquetier
fish fingers [fɪʃ'fɪŋgəz]	bâtonnets de poisson
French dressing [frentʃ'dresɪŋ]	vinaigrette
game* [geɪm]	gibier
gingerbread ['dʒɪndʒəbred]	pain d'épice(s)
hamburger ['hæmbɜ:gə]	hamburger
helping ['helpɪŋ]	portion
hors d'œuvre [ɔ:'dɜ:vrə]	hors-d'œuvre
jelly ['dʒelɪ]	gelée
kidneys ['kɪdnɪz]	rognons
mussel ['mʌsəl]	moule
napkin ['næpkɪn]	serviette
pasta ['pæstə] (*sg*)	pâtes
place setting ['pleɪssetɪŋ]	couvert
poultry ['pəʊltrɪ]	volaille
recipe ['resɪpi:]	recette
salad cream	mayonnaise
scone [skɒn]	*sorte de petit pain rond au lait*
seafood ['si:fu:d] (*sg*)	fruits de mer
serviette [sɜ:vɪ'et]	serviette
slice [slaɪs]	tranche
snack [snæk]	casse-croûte
starter* ['stɑ:tə]	hors-d'œuvre
stuffing ['stʌfɪŋ]	farce
sugar bowl	sucrier
tablecloth ['teɪbəl'klɒθ]	nappe
toast rack ['–ræk]	porte-toast
tomato sauce [tə'mɑ:təʊ'–]	sauce tomate
trifle ['traɪfəl]	diplomate (à l'anglaise)
tripe [traɪp] (*sg*)	tripes
venison ['venɪsən]	venaison

'today's special' 'plat du jour'
garlic sausage le saucisson à l'ail
rare/medium/well-done saignant/à point/bien cuit
on a low heat à feu doux

*FRUIT AND FRUIT TREES

apple [ˈæpəl]	pomme
apple tree [–tri:]	pommier
banana [bəˈnɑːnə]	banane
fruit [fruːt]	fruit
fruit tree [ˈ– –]	arbre fruitier
grape [greɪp]	raisin
grapefruit [ˈgreɪpfruːt]	pamplemousse
lemon [ˈlemən]	citron
lemon tree	citronnier
melon [ˈmelən]	melon
orange [ˈɒrɪndʒ]	orange
orange tree	oranger
orchard [ˈɔːtʃəd]	verger
peach [piːtʃ]	pêche
peach tree [ˈ– –]	pêcher
pear [peə]	poire
pear tree [ˈ– –]	poirier
plum [plʌm]	prune
plum tree [ˈ– –]	prunier
raspberry [ˈrɑːzbrɪ]	framboise
raspberry bush [–ˈbʊʃ]	framboisier
strawberry [ˈstrɔːbrɪ]	fraise
strawberry plant [–ˈplɑːnt]	fraisier
tomato [təˈmɑːtəʊ] (*pl* –**es** [–z])	tomate
tomato plant	tomate (*plante*)
vine [vaɪn]	vigne
vineyard [ˈvɪnjɑːd]	vignoble

a bunch of grapes une grappe de raisin
to bite (into) an apple mordre (dans) une pomme
to peel éplucher
to ripen mûrir
ripe mûr; **unripe** pas mûr; **rotten** pourri

**FRUIT AND FRUIT TREES

apricot ['eɪprɪkɒt]	abricot
apricot tree	abricotier
cherry ['tʃerɪ]	cerise
cherry tree	cerisier
currant ['kʌrənt]	raisin de Corinthe
gooseberry ['gʊzbərɪ]	groseille à maquereau
gooseberry bush	groseillier à maquereau
pineapple ['paɪnæpəl]	ananas
raisin ['reɪzɪn]	raisin sec
skin [skɪn]	peau

***FRUIT AND FRUIT TREES

avocado (pear) [ævə'kɑːdəʊ'–]	avocat
berry ['berɪ]	baie
blackberry ['blækbərɪ]	mûre
blackcurrant ['blækkʌrənt]	cassis
blackcurrant bush	cassis (*plante*)
chestnut ['tʃesnʌt]	châtaigne
chestnut tree	châtaignier
date* [deɪt]	datte
date palm ['–pɑːm]	dattier
fig [fɪg]	figue
fig tree ['– –]	figuier
hazelnut ['heɪzəlnʌt]	noisette
hazel tree ['heɪzəl–]	noisetier
peanut ['piːnʌt]	cacahuète
pip [pɪp]	pépin
prune [pruːn]	pruneau
redcurrant ['redkʌrənt]	groseille
rhubarb ['ruːbɑːb]	rhubarbe
seed* [siːd]	pépin (*de raisin*)
stone* [stəʊn]	noyau
sultana [sʌl'tɑːnə]	raisin sec de Smyrne
walnut ['wɔːlnʌt]	noix
walnut tree	noyer

*FURNITURE

armchair ['ɑːmtʃeə]	fauteuil
bath [bɑːθ] (*pl* –s [bɑːðz])	baignoire
bed [bed]	lit
carpet ['kɑːpɪt]	tapis
chair [tʃeə]	chaise
clock* [klɒk]	pendule
cooker ['kʊkə]	cuisinière
couch [kaʊtʃ]	canapé
cupboard ['kʌbəd]	placard
curtain ['kɜːtən]	rideau
drawer [drɔː]	tiroir
fire* ['faɪə]	feu
fridge [frɪdʒ]	frigo
furniture ['fɜːnɪtʃə] (*sg*)	meubles
house* [haʊs]	maison
lamp [læmp]	lampe
light* [laɪt]	lumière
mirror ['mɪrə]	miroir, glace
ornament ['ɔːnəmənt]	bibelot
picture* ['pɪktʃə]	tableau
radio ['reɪdɪəʊ]	radio
record player ['rekɔːd'pleɪə]	tourne-disque
refrigerator [rɪ'frɪdʒəreɪtə]	réfrigérateur
room* [ruːm]	pièce
rug [rʌg]	(petit) tapis
shelf [ʃelf] (*pl* **shelves** [ʃelvz])	rayon
table ['teɪbəl]	table
telephone ['teləfəʊn]	téléphone
television* (set) ['telɪvɪʒən('set)]	téléviseur
wardrobe ['wɔːdrəʊb]	armoire

to make the bed faire le lit
to draw the curtains tirer les rideaux
to light the fire allumer le feu
to hoover the carpet passer l'aspirateur sur le tapis
to dust the furniture épousseter les meubles
electric/gas cooker cuisinière électrique/à gaz
to lay *or* **set the table** mettre la table *ou* le couvert
to turn on/off the television allumer/éteindre la télévision
to furnish a room meubler une pièce
a furnished flat un appartement meublé

**FURNITURE

blind* [blaɪnd]	store
bookcase ['bʊkkeɪs]	bibliothèque
chest* [tʃest]	coffre
chest of drawers	commode
coffee table ['kɒfiː–]	table basse
cot [kɒt]	lit d'enfant
cushion ['kʊʃən]	coussin
dishwasher ['dɪʃwɒʃə]	machine à laver la vaisselle
dressing table ['dresɪŋ–]	coiffeuse, table de toilette
freezer ['friːzə]	congélateur
piano [pɪ'ænəʊ]	piano
record cabinet ['rekɔːd'kæbɪnət]	casier à disques
settee [se'tiː]	canapé
sideboard ['saɪdbɔːd]	buffet
stool [stuːl]	tabouret
washing machine ['wɒʃɪŋmə'ʃiːn]	machine à laver
writing desk ['raɪtɪŋ'desk]	secrétaire, bureau

***FURNITURE

bedside table ['bedsaɪd–]	table de chevet
bureau ['bjʊərəʊ]	bureau
cradle ['kreɪdəl]	berceau
cuckoo clock ['kʊkuː–]	pendule à coucou
fitted carpet ['fɪtɪd–]	moquette
frame [freɪm]	cadre
hallstand ['hɔːlstænd]	portemanteau
highchair ['haɪtʃeə]	chaise de bébé
removal [rɪ'muːvəl]	déménagement
removal man [–'mæn]	déménageur
removal van [–'væn]	camion de déménagement
rocking chair ['rɒkɪŋ–]	fauteuil à bascule
standard lamp ['stændəd–]	lampadaire
stereo unit ['sterɪəʊ'juːnɪt]	chaîne stéréo
storage heater ['stɔːrɪdʒ'hiːtə]	radiateur à accumulation
trolley ['trɒlɪ]	table roulante
typewriter ['taɪpraɪtə]	machine à écrire
umbrella stand [ʌm'brelə'stænd]	porte-parapluies
venetian blind [və'niːʃən–]	store vénitien
wall lamp ['wɔːl–]	applique
wall light ['– –]	applique

GEOGRAPHICAL NAMES (A)

Algiers [æl'dʒɪəz]	Alger
Amsterdam ['æmstədæm]	Amsterdam
Antwerp ['æntwɜ:p]	Anvers
Athens ['æθənz]	Athènes
Belgrade [bel'greɪd]	Belgrade
Berlin [bɜ:'lɪn]	Berlin
Brussels ['brʌsəlz]	Bruxelles
Bucharest [bu:kə'rest]	Bucarest
Budapest [bju:də'pest]	Budapest
Buenos Aires ['bweɪnɒs'aɪrɪz]	Buenos Aires
Cairo ['kaɪrəʊ]	Le Caire
Cardiff ['kɑ:dɪf]	Cardiff
Copenhagen ['kəʊpn'heɪgən]	Copenhague
Cornwall ['kɔ:nwəl]	Cornouailles
Dover ['dəʊvə]	Douvres
Dublin ['dʌblɪn]	Dublin
Edinburgh ['edɪnbrə]	Édimbourg
Geneva [dʒə'ni:və]	Genève
The Hague [heɪg]	La Haye
Helsinki ['helsɪŋkɪ]	Helsinki
Jerusalem [dʒə'ru:sələm]	Jérusalem
Lisbon ['lɪzbən]	Lisbonne
London ['lʌndən]	Londres
Madrid [mə'drɪd]	Madrid
Mexico City ['meksɪkəʊ'sɪtɪ]	Mexico
Moscow ['mɒskəʊ]	Moscou
Naples ['neɪpəlz]	Naples
New York ['nju:'jɔ:k]	New York
Oslo ['ɒzləʊ]	Oslo
Ostend [ɒs'tend]	Ostende
Ottawa ['ɒtəwə]	Ottawa
Paris ['pærɪs]	Paris
Peking [pi:'kɪŋ]	Pékin
Prague [prɑ:g]	Prague
Rome [rəʊm]	Rome
Stockholm ['stɒkhəʊm]	Stockholm
Tokyo ['təʊkɪəʊ]	Tokyo
Tunis ['tju:nɪs]	Tunis
Venice ['venɪs]	Venise
Vienna [vɪ'enə]	Vienne
Warsaw ['wɔ:sɔ:]	Varsovie

GEOGRAPHICAL NAMES (B)

the Alps ['ælps]	les Alpes
the Antarctic [ænt'ɑːktɪk]	l'Antarctique
the Arctic ['ɑːktɪk]	l'Arctique
the Atlantic (Ocean) [ət'læntɪk('əʊʃən)]	l'Atlantique
the Bahamas [bə'hɑːməz]	les Bahamas
Bermuda [bɜː'mjuːdə]	les Bermudes
the British Isles ['brɪtɪʃ'aɪlz]	les îles Britanniques
the Channel Islands ['tʃænəl'aɪləndz]	les îles anglo-normandes
Corfu [kɔː'fuː]	Corfou
Corsica ['kɔːsɪkə]	la Corse
Cyprus ['saɪprəs]	Chypre
The (English) Channel ['ɪŋglɪʃ'–]	la Manche
the Far East ['fɑːr'iːst]	l'Extrême-Orient
Guernsey ['gɜːnzɪ]	Guernesey
the Hebrides ['hebrɪdiːz]	les Hébrides
the Himalayas [hɪmə'leɪəz] *(pl)*	l'Himalaya
the Isle of Man ['aɪləv'mæn]	l'île de Man
the Isle of Wight [–'waɪt]	l'île de Wight
Jamaica [dʒə'meɪkə]	Jamaïque
Jersey ['dʒɜːzɪ]	Jersey
the Lake District ['leɪk'dɪstrɪkt]	la région des lacs
Lake Geneva ['– –]	le lac Léman
Majorca [mə'jɔːkə]	Majorque
the Mediterranean (Sea) ['medɪtə'reɪnɪən('siː)]	la (mer) Méditerranée
the Middle East ['mɪdəl'–]	le Moyen-Orient
Minorca [mɪ'nɔːkə]	Minorque
the North Pole ['nɔː:θ'pəʊl]	le Pôle nord
the North Sea ['–'–]	la mer du Nord
the Orkneys ['ɔːknɪz]	les Orcades
the Pacific (Ocean) [pə'sɪfɪk–]	le Pacifique
the Pyrenees [pɪrə'niːz]	les Pyrénées
the Rhine ['raɪn]	le Rhin
the Rhone ['rəʊn]	le Rhône
Sardinia [sɑː'dɪnɪə]	la Sardaigne
the Scilly Isles ['sɪlɪ'–]	les Sorlingues
the Seine ['sen]	la Seine
Shetland ['ʃetlənd]	les îles Shetland
Sicily ['sɪsɪlɪ]	la Sicile
the South Pole ['saʊθ'–]	le Pôle sud
the Thames ['temz]	la Tamise
the Volga ['vɒlgə]	la Volga

*HOBBIES AND PASTIMES

camera ['kæmərə]	appareil-photo
camping ['kæmpɪŋ]	camping
campsite ['kæmpsaɪt]	terrain de camping
cinema ['sɪnəmə]	cinéma
classical music ['klæsɪkəl–]	musique classique
club [klʌb]	club
collection* [kə'lekʃən]	collection
competition [kɒmpə'tɪʃən]	concours
concert ['kɒnsɜːt]	concert
crossword puzzle ['krɒswɜːd'pʌzəl] (sg)	mots croisés
dance [dɑːns]	bal
discotheque ['dɪskətek]	discothèque
exhibition [eksɪ'bɪʃən]	exposition
film [fɪlm]	film; pellicule
game* [geɪm]	jeu
hobby ['hɒbɪ]	passe-temps
holiday camp ['hɒlɪdeɪ'kæmp]	colonie de vacances
jukebox ['dʒuːkbɒks]	juke-box
library ['laɪbrərɪ]	bibliothèque
meeting ['miːtɪŋ]	réunion
museum [mjuː'zɪəm]	musée
music ['mjuːzɪk]	musique
novel ['nɒvəl]	roman
orchestra ['ɔːkəstrə]	orchestre
outing ['aʊtɪŋ]	sortie

to go camping faire du camping
to go to the cinema aller au cinéma
to be interested in pop music/sport s'intéresser à la musique pop/aux sports
to go for a bike-ride/a drive faire une promenade en vélo/en voiture
to go for a walk faire une promenade

*HOBBIES AND PASTIMES (*ctd*)

party [ˈpɑːtɪ]	boum; réception, soirée
photo(graph) [ˈfəʊtəʊ(grɑːf)]	photo(graphie)
photography [fəˈtɒgrəfɪ]	photographie
picnic [ˈpɪknɪk]	pique-nique
pop music [ˈpɒp–]	musique pop
pop singer [ˈ–sɪŋə]	chanteur(euse) pop
programme* [ˈprəʊgræm]	émission; programme
radio [ˈreɪdɪəʊ]	radio
reading [ˈriːdɪŋ]	lecture
record [ˈrekɔːd]	disque
record player [–ˈpleɪə]	tourne-disque
show [ʃəʊ]	spectacle
singing [ˈsɪŋɪŋ]	chant
song [sɒŋ]	chanson
star* [stɑː]	vedette
television* [ˈtelɪvɪʒən]	télévision
tent [tent]	tente
theatre [ˈθɪətə]	théâtre
ticket* [ˈtɪkɪt]	billet
transistor (radio) [trænˈzɪstə–]	transistor
trip [trɪp]	excursion
TV [tiːˈviː]	télé
walk [wɔːk]	promenade
weekend [wiːkˈend]	week-end
youth club [ˈjuːθ–]	maison des jeunes

to listen to the radio écouter la radio
to watch television regarder la télévision
to play a record passer un disque
to take photos of prendre des photos de
we meet every Friday on se réunit tous les vendredis
to enjoy oneself/to get bored (doing something) s'amuser/s'ennuyer (à faire quelque chose)

**HOBBIES AND PASTIMES

art gallery ['ɑːt'gælərɪ]	musée; galerie d'art
beginner [bɪ'gɪnə]	débutant(e)
billiards ['bɪljədz] (*sg*)	billard
boy scout ['bɔɪ'skaʊt]	éclaireur, scout
camera club	club de photo
cards [kɑːdz] (*sg*)	cartes
chess [tʃes] (*sg*)	échecs
cine camera ['sɪnɪ–]	caméra
cooking ['kʊkɪŋ]	cuisine
darts [dɑːts] (*sg*)	fléchettes
dramatic society [drə'mætɪksə'saɪətɪ]	cercle dramatique
dressmaking ['dresmeɪkɪŋ]	couture
fan [fæn]	fan
girl guide ['gɜːl'gaɪd]	éclaireuse
interests ['ɪntrests]	intérêts
knitting ['nɪtɪŋ]	tricot
painting* ['peɪntɪŋ]	peinture
penfriend ['penfrend]	correspondant(e)
serial ['sɪərɪəl]	feuilleton
sewing ['səʊɪŋ]	couture
snooker ['snuːkə]	*sorte de jeu de billard*
stamp collecting ['stæmpkə'lektɪŋ]	philatélie
table football ['teɪbəl'fʊtbɔːl]	babyfoot
table tennis [–'tenɪs]	ping-pong
tape [teɪp]	bande
tape recorder ['–rɪ'kɔːdə]	magnétophone
thriller* ['θrɪlə]	roman/film à suspense
TV programme	émission de télé

to have a game of cards faire une partie de cartes
to play cards/chess/draughts jouer aux cartres/aux échecs/aux dames
to collect stamps faire collection de timbres
a 10-part serial un feuilleton en 10 épisodes
to knit tricoter; **to sew** coudre
to cook faire la cuisine

***HOBBIES AND PASTIMES

boredom ['bɔːdəm]	ennui
boyfriend ['bɔɪfrend]	petit ami
bridge* [brɪdʒ]	bridge
cartoon [kɑːˈtuːn]	dessin animé
cassette recorder [kəˈsetrɪˈkɔːdə]	mini-cassette
choir ['kwaɪə]	chorale
do-it-yourwself ['duːɪtjɔːˈself]	bricolage
draughts [drɑːfts] (sg)	dames
enthusiasm [enˈθjuːzɪæzəm]	enthousiasme
folk music ['fəʊk–]	musique folklorique; musique folk
girlfriend ['gɜːlfrend]	petite amie
handyman ['hændɪmæn]	bricoleur
hit parade ['hɪtpəˈreɪd]	hit-parade, palmarès
L.P. ['elˈpiː]	33 tours
one-armed bandit ['wʌnɑːmdˈbændɪt]	appareil à sous
opera ['ɒpərə]	opéra
pub [pʌb]	pub
single* ['sɪŋgəl]	45 tours
skateboard ['skeɪtbɔːd]	planche à roulettes
slide [slaɪd]	diapositive
slot machine ['slɒtməˈʃiːn]	appareil à sous
transparency [trænzˈpærənsɪ]	diapositive

to spend one's time doing something passer son temps à faire quelque chose
to sing in a choir faire partie d'une chorale
to play in an orchestra faire partie d'un orchestre
to do one's knitting faire son tricot
in my spare time pendant mes moments de loisir

*THE HOTEL

bar* [bɑ:]	bar
bathroom ['bɑ:θru:m]	salle de bains
bed [bed]	lit
bill* [bɪl]	note; addition
case [keɪs]	valise
change [tʃeɪndʒ]	monnaie
chef [ʃef]	chef (de cuisine)
dining room ['daɪnɪŋ–]	salle à manger
floor* [flɔ:]	étage
guest* [gest]	client(e)
hotel [həʊ'tel]	hôtel
key* [ki:]	clef
lift [lɪft]	ascenseur
luggage ['lʌgɪdʒ] (*sg*)	bagages
porter ['pɔ:tə]	porteur
reception (desk) [rɪ'sepʃən('desk)]	réception
receptionist [rɪ'sepʃənɪst]	réceptionniste
resident ['rezɪdənt]	client(e)
restaurant ['restrã:ŋ]	restaurant
room* [ru:m]	chambre
service* ['sɜ:vɪs]	service
service charge [–'tʃɑ:dʒ]	service (*pourboire*)
shower* ['ʃaʊə]	douche
storey ['stɔ:rɪ]	étage
suitcase ['su:tkeɪs]	valise
swimming pool ['swɪmɪŋ'pu:l]	piscine
television* (set) ['telɪvɪʒən('set)]	téléviseur
tip [tɪp]	pourboire
view [vju:]	vue
waiter ['weɪtə]	garçon
waitress ['weɪtrəs]	serveuse

to have one's luggage taken up/taken down faire monter/faire descendre ses bagages

to take up one's luggage to one's room monter ses bagages à sa chambre

to take down one's luggage from one's room descendre ses bagages de sa chambre

on the first floor au premier étage

'service included' 'service compris'

to book a room in a hotel louer *ou* réserver une chambre dans un hôtel

how much is it? c'est combien?

a room with a shower/with private bathroom une chambre avec douche/avec salle de bains

**THE HOTEL

balcony ['bælkənɪ]	balcon
boarding house ['bɔːdɪŋ'haʊs]	pension (de famille)
chamber maid ['tʃeɪmbə'meɪd]	femme de chambre
cook [kʊk]	cuisinier(ère)
foyer ['fɔɪeɪ]	foyer
full board ['fʊl'bɔːd]	pension complète
half board ['hɑːf'–]	demi-pension
inn [ɪn]	auberge
lounge [laʊndʒ]	salon
manager ['mænɪdʒə]	gérant
proprietor [prə'praɪətə]	patron(ne)
toilet ['tɔɪlət]	cabinet de toilette

***THE HOTEL

fire escape ['faɪəɪ'skeɪp]	escalier de secours
guest house ['gesthaʊs]	pension (de famille)
head cook ['hed'kʊk]	chef (de cuisine)
head waiter ['hed–]	maître d'hôtel
innkeeper ['ɪnkiːpə]	aubergiste
page(-boy) ['peɪdʒ(bɔɪ)]	chasseur
receipt [rɪ'siːt]	reçu
tariff ['tærɪf]	tarif
television lounge	salle de télévision
wine waiter ['waɪn–]	sommelier

a double room une chambre avec un lit pour deux personnes
a twin-bedded room une chambre à deux lits
a single room une chambre à une personne
a double bed un grand lit
room and half board chambre avec demi-pension
room and full board chambre avec pension complète
the chamber maid makes the beds and cleans the room la femme de chambre
   fait les lits et nettoie la chambre
the waitress serves us on the terrace la serveuse nous sert à la terrasse
to book in for bed and breakfast prendre une chambre avec le petit déjeuner
to register s'inscrire sur le registre
to fill in a form remplir une fiche
the room overlooks the beach la chambre donne sur la plage
'just ring' 'vous n'avez qu'à sonner'
'no vacancies' 'complet'

*THE HOUSE – IN GENERAL

attic ['ætɪk]	grenier
basement ['beɪsmənt]	sous-sol
bathroom ['bɑːθruːm]	salle de bains
bedroom ['bedruːm]	chambre (à coucher)
block of flats ['blɒk–]	grand immeuble
caretaker ['keəteɪkə]	concierge
ceiling ['siːlɪŋ]	plafond
cellar ['selə]	cave
chimney ['tʃɪmnɪ]	cheminée
corridor ['kɒrɪdɔː]	couloir
dining room ['daɪnɪŋ–]	salle à manger
door★ [dɔː]	porte
entrance (hall) ['entrəns–]	entrée
fireplace ['faɪəpleɪs]	foyer, cheminée
flat [flæt]	appartement
floor★ [flɔː]	sol; étage
front door ['frʌnt'–]	porte d'entrée
furniture ['fɜːnɪtʃə] (sg)	meubles
garage ['gærɑːʒ]	garage
garden ['gɑːdən]	jardin
ground floor ['graʊnd–]	rez-de-chaussée
hall [hɔːl]	vestibule
home [həʊm]	maison (foyer)
house★ [haʊs]	maison
kitchen ['kɪtʃɪn]	cuisine
lift [lɪft]	ascenseur
living room ['lɪvɪŋ–]	salle de séjour
lounge [laʊndʒ]	salon
mantelpiece ['mæntəlpiːs]	dessus de cheminée
neighbour ['neɪbə]	voisin(e)
porch [pɔːtʃ]	porche
roof [ruːf]	toit
room★ [ruːm]	pièce
staircase ['steəkeɪs]	escalier
stairs [steəz] (pl)	escalier
storey ['stɔːrɪ]	étage
toilet ['tɔɪlət]	cabinet de toilette
wall [wɔːl]	mur
window★ ['wɪndəʊ]	fenêtre

to live in a flat habiter un appartement
at home à la maison
to go back home rentrer à la maison
upstairs en haut; **downstairs** en bas
to go upstairs/downstairs monter/descendre l'escalier

**THE HOUSE – IN GENERAL

accommodation [əkɒmə'deɪʃən]	logement
balcony ['bælkənɪ]	balcon
bell [bel]	sonnette
bolt [bəʊlt]	verrou
building ['bɪldɪŋ]	bâtiment
bungalow ['bʌŋgələʊ]	bungalow
central heating ['sentrəl'hi:tɪŋ]	chauffage central
cottage ['kɒtɪdʒ]	cottage
detached house [dɪ'tætʃt–]	maison individuelle
doorbell ['dɔ:bel]	sonnette
French window ['frentʃ–]	porte-fenêtre
guest* [gest]	invité(e)
guest room ['– –]	chambre d'ami
housewife ['haʊswaɪf] (*pl* **-wives** [–waɪvz])	ménagère
housing ['haʊzɪŋ]	logement
landlady ['lændleɪdɪ]	propriétaire, logeuse
landlord ['lændlɔ:d]	propriétaire, logeur
letterbox ['letəbɒks]	boîte aux lettres
lock* [lɒk]	serrure
lodger ['lɒdʒə]	locataire
loft [lɒft]	grenier
owner ['əʊnə]	propriétaire
pane [peɪn]	vitre, carreau
removal [rɪ'mu:vəl]	déménagement
rent [rent]	loyer
semi-detached house ['semɪdɪ'tætʃt–]	maison jumelle
shutter ['ʃʌtə]	volet
spare room ['speə–]	chambre d'ami
step [step]	marche
study ['stʌdɪ]	cabinet de travail
tenant ['tenənt]	locataire

on the first/second floor au premier/deuxième étage
in the basement au sous-sol
the doorbell rang, somebody rang on a sonné
to knock at the door frapper à la porte
a terraced house une maison attenante aux maisons voisines

***THE HOUSE – IN GENERAL

aerial ['eərɪəl]	antenne
boiler ['bɔɪlə]	chaudière
box room ['bɒks–]	débarras
burglar alarm ['bɜːgləə'lɑːm]	sonnerie d'alarme
doorstep ['dɔːstep]	seuil
drainpipe ['dreɪnpaɪp]	tuyau d'écoulement
drive(way) ['draɪv(weɪ)]	allée
flatlet ['flætlət]	studio
gutter ['gʌtə]	gouttière
junk room ['dʒʌŋk–]	débarras
landing* ['lændɪŋ]	palier
larder ['lɑːdə]	garde-manger
pantry ['pæntrɪ]	garde-manger
partition [pɑːˈtɪʃən]	paroi
plaster* ['plɑːstə]	plâtre
skylight ['skaɪlaɪt]	lucarne
slate [sleɪt]	ardoise
tile [taɪl]	tuile; carreau
windowsill ['wɪndəʊsɪl]	rebord de la fenêtre

to move (house) déménager
to move to another town déménager dans une autre ville
to move in emménager; **to move out** déménager
to settle in s'installer
to have a house built faire construire une maison
a 5-roomed house une maison de 5 pièces
to furnish a room meubler une pièce

*THE HOUSE – IN PARTICULAR

alarm clock [ə'la:m–]	réveil
bath [ba:θ] (*pl* –s [ba:ðz])	baignoire
bed [bed]	lit
brush [brʌʃ]	brosse; balai
carpet ['ka:pɪt]	tapis
chair [tʃeə]	chaise
clock* [klɒk]	pendule
cooker ['kʊkə]	cuisinière
cupboard ['kʌbəd]	placard
curtain ['kɜ:tən]	rideau
dishcloth ['dɪʃklɒθ]	torchon (à vaisselle)
dishes ['dɪʃəz] (*pl*)	vaisselle
duster ['dʌstə]	chiffon
fire* ['faɪə]	feu
fridge [frɪdʒ]	frigo
hoover ['hu:və]	aspirateur
housework ['haʊswɜ:k]	ménage
iron* ['aɪən]	fer (à repasser)
key* [ki:]	clef
ladder ['lædə]	échelle
light* [laɪt]	lumière
mirror ['mɪrə]	miroir, glace
pan [pæn]	casserole
record player ['rekɔ:d'pleɪə]	tourne-disque
rubbish ['rʌbɪʃ] (*sg*)	ordures
saucepan ['sɔ:spən]	casserole
shower* ['ʃaʊə]	douche
soap [səʊp]	savon
table ['teɪbəl]	table
television* (set) ['telɪvɪʒən('set)]	téléviseur
towel ['taʊəl]	serviette
tray [treɪ]	plateau
vacuum cleaner ['vækjʊm'kli:nə]	aspirateur
wardrobe ['wɔ:drəʊb]	armoire
washbasin ['wɒʃbeɪsən]	lavabo
washing machine ['wɒʃɪŋmə'ʃi:n]	machine à laver
water ['wɔ:tə]	eau

to do the housework faire le ménage
to wash the dishes faire la vaisselle
to dry the dishes essuyer la vaisselle
to do the ironing faire le repassage
to do the washing faire la lessive

**THE HOUSE – IN PARTICULAR

ashtray [ˈæʃtreɪ]	cendrier
blanket [ˈblæŋkɪt]	couverture
blind* [blaɪnd]	store
broom [bruːm]	balai
cleaning [ˈkliːnɪŋ]	nettoyage
coffee grinder [ˈkɒfiːˈgraɪndə]	moulin à café
cooking [ˈkʊkɪŋ]	cuisine
cushion [ˈkʊʃən]	coussin
dust [dʌst]	poussière
dustbin [ˈdʌstbɪn]	poubelle
frying pan [ˈfraɪɪŋ–]	poêle (f)
handle [ˈhændəl]	poignée; anse; manche
heater [ˈhiːtə]	appareil de chauffage
ironing board [ˈaɪənɪŋˈbɔːd]	planche à repasser
kettle [ˈketəl]	bouilloire
lid [lɪd]	couvercle
ornament [ˈɔːnəmənt]	bibelot
oven [ˈʌvən]	four
painting* [ˈpeɪntɪŋ]	tableau
pillow [ˈpɪləʊ]	oreiller
record cabinet [ˈrekɔːdˈkæbɪnət]	casier à disques
rug [rʌg]	(petit) tapis
sheet [ʃiːt]	drap
sink [sɪŋk]	évier
soap powder [ˈ–paʊdə]	lessive
switch [swɪtʃ]	interrupteur
tap [tæp]	robinet
vase [vɑːz]	vase
wallpaper [ˈwɔːlˈpeɪpə]	papier peint
waste-paper basket [ˈweɪstˈpeɪpəˈbɑːskɪt]	corbeille (à papier)

the spring-cleaning le (grand) nettoyage de printemps
to throw something in the dustbin jeter quelque chose à la poubelle
to vacuum, hoover passer l'aspirateur
to dust épousseter
to clean nettoyer
to sweep balayer
to switch on/off the light ouvrir/fermer la lumière

***THE HOUSE – IN PARTICULAR

bedside rug ['bedsaɪd'–]	descente de lit
blade [bleɪd]	lame
bolster ['bəʊlstə]	traversin
bottle-opener ['bɒtəl'əʊpnə]	ouvre-bouteille
bucket ['bʌkɪt]	seau
carpet sweeper ['kɑ:pɪt'swi:pə]	balai mécanique
coal scuttle ['kəʊl'skʌtəl]	seau à charbon
coathanger ['kəʊthæŋə]	cintre
colander ['kɒləndə]	passoire à légumes
corkscrew ['kɔ:kskru:]	tire-bouchon
doormat ['dɔ:mæt]	paillasson
duvet ['du:veɪ]	couette
eiderdown ['aɪdədaʊn]	édredon
electric blanket [ɪ'lektrɪk–]	couverture chauffante
electricity [ɪlek'trɪzɪtɪ]	électricité
food mixer ['fu:dmɪksə]	mixeur
gas [gæs]	gaz
grater ['greɪtə]	râpe
hand towel ['hænd–]	essuie-mains
hot water bottle ['hɒt'wɔ:tə'bɒtəl]	bouillotte
jug [dʒʌg]	pot
knitting machine ['nɪtɪŋmə'ʃi:n]	machine à tricoter
mattress ['mætrəs]	matelas
pipe* [paɪp]	tuyau
poker ['pəʊkə]	tisonnier
potato-peeler [pə'teɪtəʊ'pi:lə]	épluche-légumes
pressure cooker ['preʃə–]	cocotte-minute
quilt [kwɪlt]	édredon
scales [skeɪlz] (*pl*)	balance
sewing machine ['səʊɪŋmə'ʃi:n]	machine à coudre
spin dryer [spɪn'draɪə]	essoreuse
sponge [spʌndʒ]	éponge
tin opener ['tɪnəʊpnə]	ouvre-boîte(s)
toaster ['təʊstə]	grille-pain

to plug in/unplug an appliance brancher/débrancher un appareil
to look at oneself in the mirror se regarder dans le miroir
to take a bath prendre un bain, se baigner

*JEWELLERY

bracelet ['breɪslɪt]	bracelet
brooch [brəʊtʃ]	broche
diamond ['daɪəmənd]	diamant
earring ['ɪərɪŋ]	boucle d'oreille
gold [gəʊld]	or
jewellery ['dʒu:əlrɪ] (sg)	bijoux
necklace ['nekləs]	collier
ring [rɪŋ]	bague
silver ['sɪlvə]	argent
watch* [wɒtʃ]	montre

**JEWELLERY

amethyst ['æmɪθɪst]	améthyste
bangle ['bæŋgəl]	bracelet
beads ['bi:dz] (pl)	collier
chain [tʃeɪn]	chaîne
emerald ['emərəld]	émeraude
jewel ['dʒʊəl]	bijou
jewel box [-'bɒks]	coffret à bijoux
pearl [pɜ:l]	perle
pendant ['pendənt]	pendentif
ruby ['ru:bɪ]	rubis
sapphire ['sæfaɪə]	saphir
wedding ring ['wedɪŋ-]	alliance
wrist watch ['rɪst'-]	montre-bracelet

***JEWELLERY

choker ['tʃəʊkə]	collier (de chien)
clasp [klɑ:sp]	fermoir
cufflink ['kʌflɪŋk]	bouton de manchette
engagement ring [enˈgeɪdʒmənt-]	bague de fiançailles
identity bracelet [aɪˈdentɪtɪ-]	gourmette
locket ['lɒkɪt]	médaillon
tie-pin ['taɪpɪn]	épingle de cravate

to wear a ring porter une bague
a gold bracelet un bracelet d'or
a diamond necklace une rivière de diamants
valuable de valeur
worthless sans valeur

*MAKE-UP

beauty ['bjuːtɪ]	beauté
comb [kəʊm]	peigne
eye-shadow ['aɪʃædəʊ]	fard à paupières
lipstick ['lɪpstɪk]	rouge à lèvres
make-up ['meɪkʌp]	maquillage
mascara [mæ'skɑːrə]	mascara
mirror ['mɪrə]	miroir, glace
nail varnish ['neɪlvɑːnɪʃ]	vernis à ongles
perfume ['pɜːfjuːm]	parfum
powder ['paʊdə]	poudre (de riz)

**MAKE-UP

aftershave ['ɑːftəʃeɪv]	lotion après-rasage
face cloth ['feɪsklɒθ]	gant de toilette
hairbrush ['heəbrʌʃ]	brosse à cheveux
hair-drier ['–draɪə]	séchoir à cheveux
hairstyle ['–staɪl]	coiffure
razor ['reɪzə]	rasoir
roller* ['rəʊlə]	bigoudi
shampoo [ʃæm'puː]	shampooing
toothbrush ['tuːθbrʌʃ]	brosse à dents
toothpaste ['–peɪst]	dentifrice

***MAKE-UP

beauty salon [–'sælɒn]	salon de beauté
compact ['kɒmpækt]	poudrier
deodorant [dɪ'əʊdərənt]	déodorant
face cream ['feɪskriːm]	crème de beauté
foundation [faʊn'deɪʃən]	fond de teint
make-up bag [–bæg]	trousse de maquillâge
make-up remover [–rɪ'muːvə]	démaquillant
nailfile ['neɪlfaɪl]	lime à ongles
nail varnish remover	dissolvant
shaving brush ['ʃeɪvɪŋ'brʌʃ]	blaireau

to shave se raser; **to wash** se laver
to brush one's hair se brosser les cheveux
to comb one's hair se peigner
to wash one's hair se laver les cheveux
to do one's hair se coiffer
to make (oneself) up se farder, se maquiller
to varnish one's nails se vernir les ongles

*THE LAW

argument* ['ɑːgjʊmənt]	dispute
arrest [ə'rest]	arrestation
attempt [ə'tempt]	tentative
bank* [bæŋk]	banque
bravery ['breɪvərɪ]	courage
burglar ['bɜːglə]	cambrioleur
capture ['kæptjə]	capture
charge [tʃɑːdʒ]	accusation
court [kɔːt]	cour, tribunal
crime [kraɪm]	crime
criminal ['krɪmɪnəl]	criminel(le)
detective [dɪ'tektɪv]	détective
fight [faɪt]	bagarre
fire* ['faɪə]	incendie
gang [gæŋ]	bande
gold [gəʊld]	or
gun [gʌn]	fusil
hero ['hɪərəʊ]	héros
heroine ['herəʊɪn]	héroïne
hold-up ['həʊldʌp]	hold-up
inquiry [ɪn'kwaɪərɪ]	enquête
investigation [ɪnvestɪ'geɪʃən]	enquête
jail [dʒeɪl]	prison
judge [dʒʌdʒ]	juge

to commit a crime commettre un crime
to rob a bank dévaliser une banque
to kill tuer
to murder assassiner
to shoot *or* **fire at** tirer sur
to steal voler
to arrest somebody arrêter quelqu'un
to be under arrest être en état d'arrestation
to charge somebody with something inculper quelqu'un de quelque chose
to threaten somebody menacer quelqu'un
to fight (with) se battre (avec)
to overpower somebody vaincre quelqu'un
a burglary has taken place un cambriolage a eu lieu
in broad daylight en plein jour
to hold a demonstration manifester
to be accused of theft être accusé de vol
to imprison emprisonner: **to set free** libérer
they took him prisoner ils l'ont fait prisonnier

*THE LAW (*ctd*)

jury ['dʒuːrɪ]	jury
law [lɔː]	loi
lawyer ['lɔːjə]	avocat
money ['mʌnɪ]	argent
murder ['mɜːdə]	meurtre
murderer ['mɜːdərə]	meurtrier, assassin
news bulletin ['njuːzˈbʊlɪtɪn]	bulletin d'informations
owner ['əʊnə]	propriétaire
police inspector [pəˈliːsɪnˈspektə]	inspecteur de police
policeman [pəˈliːsmən]	agent de police
police station [–ˈsteɪʃən]	commissariat de police
policewoman [–wʊmən]	femme-agent
prison ['prɪzən]	prison
prisoner ['prɪzənə]	prisonnier(ère)
raid [reɪd]	hold-up; rafle
report* [rɪˈpɔːt]	reportage
reward [rɪˈwɔːd]	récompense
robbery ['rɒbərɪ]	vol
thief [θiːf] (*pl* thieves [θiːvz])	voleur
trial ['traɪəl]	procès
witness ['wɪtnəs]	témoin

an armed robbery un vol à main armée

the prisoner escaped from prison le prisonnier s'est évadé de la prison

an escaped prisoner un(e) évadé(e)

to reward somebody récompenser quelqu'un

to question a witness interroger un témoin

to give evidence témoigner

to find somebody innocent/guilty prononcer quelqu'un innocent/coupable

to stand trial passer en jugement

he got a 5-year prison sentence il a été condamné à 5 ans de prison

the description of the robber le signalement du voleur

to blow up a building faire sauter un bâtiment

safe and sound sain et sauf

a plain-clothes policeman un policier en civil

hands up! haut les mains!

give yourselves up! rendez-vous!

help! au secours!

stop thief! au voleur!

**THE LAW

accusation [ækjʊ'zeɪʃən]	accusation
attack [ə'tæk]	attaque
bandit ['bændɪt]	bandit
burglary ['bɜ:glərɪ]	cambriolage
cell [sel]	cellule
cheque [tʃek]	chèque
cop [kɒp]	flic
crook [krʊk]	escroc
damage ['dæmɪdʒ] (sg)	dégâts, dommages
death [deθ]	mort
defence [dɪ'fens]	défense
demonstration [demən'streɪʃən]	manifestation
demonstrator ['demənstreɪtə]	manifestant(e)
dispute* ['dɪspju:t]	dispute
escape [ɪ'skeɪp]	évasion
evidence ['evɪdəns]	preuve; témoignage
fine* [faɪn]	amende
guard [gɑ:d]	garde (m)
hijacker ['haɪdʒækə]	pirate de l'air
hijacking ['haɪdʒækɪŋ]	détournement d'avion
hooligan ['hu:lɪgən]	voyou
hostage ['hɒstɪdʒ]	otage
imprisonment [ɪm'prɪzənmənt]	incarcération
kidnapping ['kɪdnæpɪŋ]	enlèvement
placard ['plækɑ:d]	pancarte
proof [pru:f]	preuve
purse [pɜ:s]	porte-monnaie
radio report ['reɪdɪəʊ–]	radioreportage
ransom ['rænsəm]	rançon
rescue ['reskju:]	sauvetage
rescuer ['reskjʊə]	sauveteur
revolver [rɪ'vɒlvə]	revolver
riot ['raɪət]	émeute
robber ['rɒbə]	voleur
sentence* ['sentəns]	condamnation; peine
shot [ʃɒt]	coup (de feu)
spy [spaɪ]	espion(ne)
statement ['steɪtmənt]	déposition
suspect ['sʌspekt]	suspect(e)
testimony ['testɪmənɪ]	témoignage
theft [θeft]	vol
verdict ['vɜ:dɪkt]	verdict
victim ['vɪktɪm]	victime
wallet ['wɒlɪt]	porte-feuille
weapon ['wepən]	arme

to take somebody hostage prendre quelqu'un en otage
to be held hostage être en otage

***THE LAW

appeal [ə'pi:l]	appel
army ['ɑ:mɪ]	armée
bar* [bɑ:]	barreau
barrister ['bærɪstə]	avocat
blackmail ['blækmeɪl]	chantage
bribery ['braɪbərɪ]	corruption
corpse [kɔ:ps]	cadavre
death penalty ['–'penəltɪ]	peine de mort
decree [dɪ'kri:]	ordonnance
drugs [drʌgz]	drogues
dungeon ['dʌndʒən]	cachot
enemy ['enəmɪ]	ennemi(e)
escapee [ɪ'skeɪ'pi:]	évadé(e)
fraud [frɔ:d]	fraude; imposteur
gangster ['gæŋstə]	gangster
government ['gʌvənmənt]	gouvernement
identity card [aɪ'dentɪtɪ'kɑ:d]	carte d'identité
ingot ['ɪŋgət]	lingot
inventory ['ɪnvəntrɪ]	inventaire
juror ['dʒuərə]	juré
law courts ['–kɔ:ts] (pl)	palais de justice
loot [lu:t]	butin
magistrate ['mædʒɪstreɪt]	magistrat
night watchman ['naɪt'wɒtʃmən]	gardien de nuit
offence [ə'fens]	délit
perjury ['pɜ:dʒərɪ]	faux témoignage
pickpocket ['pɪkpɒkət]	pickpocket
private detective ['praɪvət–]	détective privé
private eye [–'aɪ]	détective privé
the prosecution [prɒsɪ'kju:ʃən]	l'accusation
scuffle ['skʌfəl]	bagarre
secret agent ['si:krət'eɪdʒənt]	agent secret
security guard [sɪ'kjuərɪtɪ'gɑ:d]	garde chargé de la sécurité
solicitor [sə'lɪsɪtə]	avocat
terrorist ['terərɪst]	terroriste
traveller's cheque ['trævələz'–]	chèque de voyage
witness box [–'bɒks]	barre des témoins

on parole en liberté conditionnelle
to be put on probation être mis en liberté surveillée
to bribe somebody soudoyer quelqu'un

*MATERIALS AND SUBSTANCES

cloth [klɒθ]	tissu
cotton ['kɒtən]	coton
fur [fɜ:]	fourrure
gas [gæs]	gaz
glass [glɑ:s]	verre
gold [gəʊld]	or
leather ['leðə]	cuir
metal ['metəl]	métal
nylon ['naɪlən]	nylon
oil★ [ɔɪl]	huile; pétrole
paper ['peɪpə]	papier
petrol ['petrəl]	essence
plastic ['plæstɪk]	plastique
rubber★ ['rʌbə]	caoutchouc
silver ['sɪlvə]	argent
stone★ [stəʊn]	pierre
string★ [strɪŋ]	ficelle
thread [θred]	fil
tin★ [tɪn]	étain
wire★ ['waɪə]	fil de fer
wood [wʊd]	bois
wool [wʊl]	laine

**MATERIALS AND SUBSTANCES

brick [brɪk]	brique
bronze [brɒnz]	bronze
canvas ['kænvəs]	toile
china ['tʃaɪnə]	porcelaine
coal [kəʊl]	charbon; houille
cord(uroy) ['kɔ:d(jʊrɔɪ)]	velours côtelé
crystal ['krɪstəl]	cristal
earthenware ['ɜ:ðən'weə]	faïence
iron★ ['aɪən]	fer
lace★ [leɪs]	dentelle
linen ['lɪnɪn]	toile de lin
pigskin ['pɪgskɪn]	peau de porc
porcelain ['pɔ:səleɪn]	porcelaine
pottery ['pɒtərɪ]	faïence
rope [rəʊp]	corde
satin ['sætɪn]	satin
sheepskin ['ʃi:pskɪn]	peau de mouton
silk [sɪlk]	soie
steel [sti:l]	acier
straw [strɔ:]	paille
velvet ['velvət]	velours

a **cotton/silk blouse** un chemisier de coton/de soie
woollen de laine; **wooden** en bois; **glass** de verre

***MATERIALS AND SUBSTANCES

acrylic fibre [ə'krɪlɪk'faɪbə]	acrylique
aluminium [æljə'mɪnɪəm]	aluminium
aluminium foil [–'fɔɪl]	papier aluminium
brass [brɑ:s]	cuivre jaune
cardboard ['kɑ:dbɔ:d]	carton
cast-iron ['kɑ:st'aɪən]	fonte
cement [sɪ'ment]	ciment
chalk [tʃɔ:k]	craie
charcoal ['tʃɑ:kəʊl]	charbon de bois
clay [kleɪ]	argile
concrete ['kɒŋkri:t]	béton
copper ['kɒpə]	cuivre
cotton wool [–'–]	coton hydrophile
denim ['denɪm]	toile de jean
felt [felt]	feutre
fibreglass ['faɪbəglɑ:s]	fibre de verre
flax [flæks]	lin
foam rubber ['fəʊm–]	caoutchouc mousse
glue [glu:]	colle
granite ['grænɪt]	granit
hardboard ['hɑ:dbɔ:d]	Isorel
lead [led]	plomb
limestone ['laɪmstəʊn]	calcaire
linoleum [lɪ'nəʊlɪəm]	linoléum
liquid ['lɪkwɪd]	liquide
marble ['mɑ:bəl]	marbre
material [mə'tɪərɪəl]	tissu
materials [–z]	matériaux
paraffin ['pærəfɪn]	pétrole (*pour lampe*)
pewter ['pju:tə]	étain (*Orfèvrerie*)
plaster* ['plɑ:stə]	plâtre
platinum ['plætɪnəm]	platine
plywood ['plaɪwʊd]	contre-plaqué
polyester [pɒlɪ'estə]	polyester
reinforced concrete ['ri:ɪnfɔ:st–]	béton armé
stainless steel ['steɪnləs–]	acier inoxydable
suede [sweɪd]	daim
terylene ['terɪli:n]	tergal
tinfoil ['tɪnfɔɪl]	papier d'étain
tinplate ['tɪnpleɪt]	fer-blanc
tweed ['twi:d]	tweed
vinyl ['vaɪnəl]	vinyle
wax [wæks]	cire
wickerwork ['wɪkə'wɜ:k]	osier
wrought iron ['rɔ:t–]	fer forgé
zinc [zɪŋk]	zinc

*MOTORING AND THE CAR

accident ['æksɪdənt]	accident
bend [bend]	virage, tournant
bonnet ['bɒnɪt]	capot
boot* [buːt]	coffre
brake [breɪk]	frein
breakdown ['breɪkdaʊn]	panne
bus [bʌs]	autobus
bus driver ['– –]	conducteur d'autobus
car [kɑː]	voiture
caravan ['kærəvæn]	caravane
car door ['–'dɔː]	portière
car park ['–pɑːk]	parking
chauffeur ['ʃəʊfɜː]	chauffeur
crash [kræʃ]	collision
cyclist ['saɪklɪst]	cycliste
detour ['diːtʊə]	détour; déviation
driver ['draɪvə]	conducteur(trice); chauffeur
driving licence ['draɪvɪŋ'laɪsəns]	permis de conduire
engine* ['endʒɪn]	moteur
garage ['gærɑːʒ]	garage
gear [gɪə]	vitesse (*mécanisme*)
headlamp ['hedlæmp]	phare
headlight ['hedlaɪt]	phare
hooter ['huːtə]	klaxon
horn* [hɔːn]	klaxon
journey ['dʒɜːnɪ]	voyage; trajet
lorry ['lɒrɪ]	camion

a **road accident** un accident de la route *ou* de la circulation
to **start (up)** *or* **switch on the engine** mettre le moteur en marche
to **switch off the engine** couper le moteur
to **sound one's horn** klaxonner, donner un coup de klaxon
to **park (the car)** garer (la voiture)
to **drive a car** conduire une voiture
to **change gear** changer de vitesse
to **go for a drive** faire une promenade en voiture
to **have a breakdown** être *ou* tomber en panne
with a **screech of brakes** dans un grincement de freins
to **brake sharply** freiner brusquement
to **stop** s'arrêter; to **move off** démarrer
to **accelerate** accélérer; to **slow down** ralentir

*MOTORING AND THE CAR (*ctd*)

lorry driver	camionneur
main road [ˈmeɪn-]	grand-route
mile [maɪl]	mille
motorist [ˈməʊtərɪst]	automobiliste
motorway [ˈməʊtəweɪ]	autoroute
oil★ [ɔɪl]	huile
pedestrian [pəˈdestrɪən]	piéton
petrol [ˈpetrəl]	essence
policeman [pəˈliːsmən]	agent de police
puncture [ˈpʌŋktjə]	crevaison
road★ [rəʊd]	route
road map [ˈ-mæp]	carte routière
seat belt [ˈsiːtbelt]	ceinture de sécurité
service station [ˈsɜːvɪsˈsteɪʃən]	station-service
spare wheel [ˈspeə-]	roue de secours
speed [spiːd]	vitesse
steering wheel [ˈstɪərɪŋ-]	volant
street [striːt]	rue
traffic [ˈtræfɪk]	circulation
traffic lights [-laɪts]	feux (de signalisation)
truck [trʌk]	camion
tyre [ˈtaɪə]	pneu
van [væn]	camionnette
wheel★ [wiːl]	roue; volant
windscreen [ˈwɪndskriːn]	pare-brise
zebra crossing [ˈzebrəˈkrɒsɪŋ]	passage clouté

to go through a red light brûler un feu rouge

(at) 60 miles an hour ≈ (à) 100 km/heure

take the road to Leeds prenez la route de Leeds

it's a 3-hour journey il y a 3 heures de route

to have a puncture crever, avoir un pneu crevé

to have a flat tyre être à plat

to start out, set off se mettre en route

to bump into a car heurter une voiture

to overtake a car doubler *ou* dépasser une voiture

the windscreen shattered le pare-brise a volé en éclats

to lose/find one's way perdre/retrouver sa route

en route, on the way en route

fill her up please! faites le plein, s'il vous plaît

I've run out of petrol je suis tombé en panne d'essence

we were driving (along) at top speed nous roulions à toute vitesse

front/rear wheel roue avant/arrière

**MOTORING AND THE CAR

accelerator [ək'seləreɪtə]	accélérateur
breakdown van	dépanneuse
bumper ['bʌmpə]	pare-chocs
casualty ['kæʒjʊəltɪ]	blessé(e)
crossroads ['krɒsrəʊdz] (sg)	carrefour
dashboard ['dæʃbɔ:d]	tableau de bord
death [deθ]	mort
diversion [daɪ'vɜ:ʃən]	déviation
driving instructor [–ɪn'strʌktə]	moniteur d'auto-école
driving lesson [–'lesən]	leçon de conduite
driving school [–sku:l]	auto-école
driving test [–test]	examen du permis de conduire
filling station ['fɪlɪŋ–]	station-service
fine* [faɪn]	contravention
hitch-hiker ['hɪtʃhaɪkə]	auto-stoppeur(euse)
hitch-hiking ['hɪtʃhaɪkɪŋ]	auto-stop
hood* [hʊd]	capote
indicator ['ɪndɪkeɪtə]	clignotant
junction ['dʒʌŋkʃən]	carrefour
learner (driver) ['lɜ:nə–]	conducteur débutant
make [meɪk]	marque
mechanic [mə'kænɪk]	mécanicien
motorcyclist ['məʊtəsaɪklɪst]	motocycliste
number plate ['nʌmbəpleɪt]	plaque d'immatriculation
one-way street ['wʌnweɪ–]	rue à sens unique
parking meter ['pɑ:kɪŋ'mi:tə]	parcmètre
parking ticket	P.-V.
pedal ['pedəl]	pédale
roadsign ['rəʊdsaɪn]	panneau (de signalisation)
roundabout ['raʊndəbaʊt]	rond-point
rush hour ['rʌʃaʊə] (sg)	heures d'affluence
speeding ['spi:dɪŋ]	excès de vitesse
speedometer [spi:'dɒmɪtə]	compteur de vitesse
ticket* ['tɪkɪt]	P.-V.
traffic jam [–'dʒæm]	embouteillage
traffic offence [–ə'fens]	infraction au code de la route
traffic warden [–'wɔ:dən]	contractuel(le)
verge [vɜ:dʒ]	bas-côté
windscreen wiper [–'waɪpə]	essuie-glace

to hitch-hike faire de l'auto-stop
to have one's car repaired faire réparer sa voiture
'no entry' 'accès interdit'; **'no parking'** 'stationnement interdit'

***MOTORING AND THE CAR

acceleration [əkseləˈreɪʃən]	accélération
access road [ˈækses–]	route d'accès; bretelle d'accès
body* [ˈbɒdɪ]	carrosserie
built-up area [ˈbɪltʌpˈeərɪə]	agglomération
carburettor [kɑːbəˈretə]	carburateur
car-wash [ˈkɑːwɒʃ]	lave-auto
central reservation [ˈsentrəlrezəˈveɪʃən]	bande médiane
choke [tʃəʊk]	starter
clutch (pedal) [ˈklʌtʃ–]	pédale d'embrayage
driving mirror [–ˈmɪrə]	rétroviseur
emergency stop [ɪˈmɜːdʒənsɪˈstɒp]	arrêt d'urgence
gearbox [ˈgɪəbɒks]	boîte de vitesses
hard shoulder [ˈhɑːdˈʃəʊldə]	accotement stabilisé
headroom [ˈhedruːm]	hauteur limite
hubcap [ˈhʌbkæp]	enjoliveur
jack [dʒæk]	cric
L plates [ˈelpleɪts]	plaques d'apprenti conducteur
lane [leɪn]	file
lay-by [ˈleɪbaɪ]	aire de stationnement
level crossing [ˈlevəlˈkrɒsɪŋ]	passage à niveau
long-distance lorry driver [ˈlɒŋˈdɪstəns–]	routier
neutral [ˈnjuːtrəl]	point mort
petrol pump attendant [–ˈpʌmpəˈtendənt]	pompiste
rear-view mirror [ˈrɪəvjuːˈmɪrə]	rétroviseur
ring road [ˈrɪŋ–]	périphérique
road-hog [ˈrəʊdhɒg]	chauffard
roof rack [ˈruːfræk]	galerie
saloon car [səˈluːn–]	berline
service* [ˈsɜːvɪs]	révision
service area [–ˈeərɪə]	aire de services
slip road [ˈslɪp–]	voie de raccordement
spare tyre [ˈspeə–]	pneu de rechange
speed limit [ˈ–lɪmɪt]	limitation de vitesse
sports car [ˈspɔːts–]	voiture de sport
starter* [ˈstɑːtə]	démarreur
toll [təʊl]	péage
trailer [ˈtreɪlə]	remorque
trunk road [ˈtrʌŋkˈ–]	route nationale
turning [ˈtɜːnɪŋ]	tournant

to skid déraper
to have one's car serviced faire entretenir sa voiture

*MUSIC

band [bænd]	orchestre
choir ['kwaɪə]	chorale
concert ['kɒnsət]	concert
drum [drʌm]	tambour
flute [fluːt]	flûte
guitar [gɪ'tɑː]	guitare
harp [hɑːp]	harpe
jazz [dʒæz]	jazz
music ['mjuːzɪk]	musique
musical instrument [–əl'ɪnstrʊmənt]	instrument de musique
musician [mjuː'zɪʃən]	musicien(ne)
orchestra ['ɔːkəstrə]	orchestre
piano [pɪ'ænəʊ]	piano
song [sɒŋ]	chanson
trumpet ['trʌmpɪt]	trompette
violin [vaɪə'lɪn]	violon

**MUSIC

baton ['bætɒn]	baguette
cello ['tʃeləʊ]	violoncelle
clarinet [klærɪ'net]	clarinette
classical music ['klæsɪkəl–]	musique classique
concert hall [–'hɔːl]	salle de concert
conductor [kən'dʌktə]	chef d'orchestre
cymbals ['sɪmbəlz]	cymbales
fiddle ['fɪdəl]	violon
note* [nəʊt]	note
organ ['ɔːgən]	orgue
pianist ['pɪənɪst]	pianiste
pop music ['pɒp–]	musique pop
recorder [rɪ'kɔːdə]	flûte à bec
singer ['sɪŋə]	chanteur(euse)
soloist ['səʊləʊɪst]	soliste
string* [strɪŋ]	corde
tambourine [tæmbə'riːn]	tambourin
triangle ['traɪæŋgəl]	triangle
trombone [trɒm'bəʊn]	trombone
tune [tjuːn]	air

to listen to the music écouter la musique
to play the piano/the guitar/the violin jouer du piano/de la guitare/du violon
the conductor conducts the orchestra le chef d'orchestre dirige l'orchestre

***MUSIC
accordion [ə'kɔ:dɪən]   accordéon
bagpipes ['bægpaɪps] (*pl*)   cornemuse
bass drum ['beɪs–]   grosse caisse
bassoon [bə'su:n]   basson
brass band ['brɑ:s'–]   fanfare (*orchestre*)
bugle ['bju:gəl]   clairon
chord [kɔ:d]   accord
concerto [kən'tʃeətəʊ]   concerto
double bass ['dʌbəl'–]   contrebasse
French horn [frentʃ'hɔ:n]   cor d'harmonie
grand piano ['grænd–]   piano à queue
harmonica [hɑ:'mɒnɪkə]   harmonica
key* [ki:]   touche; clef
mouth organ ['maʊθ–]   harmonica
oboe ['əʊbəʊ]   hautbois
recital [rɪ'saɪtəl]   récital
rhythm ['rɪðəm]   rythme
saxophone ['sæksəfəʊn]   saxophone
symphony ['sɪmfənɪ]   symphonie
tuba ['tju:bə]   tuba
xylophone ['zaɪləfəʊn]   xylophone

the first violin leads le premier violin conduit
to play the drums jouer de la batterie
to practise the piano travailler le piano
to play a piece jouer un morceau
a wrong note une fausse note
to play in tune/out of tune jouer juste/faux
the strings, the strings section les (instruments à) cordes
the wind instruments les instruments à vent
the woodwind section les bois
the percussion instruments les instruments à percussion

NATIONALITIES

African [ˈæfrɪkən]	Africain(e)
Algerian [ælˈdʒɪərɪən]	Algérien(ne)
American [əˈmerɪkən]	Américain(e)
Arab [ˈærəb]	Arabe
Argentinian [ɑːdʒənˈtɪnɪən]	Argentin(e)
Asian [ˈeɪʒən]	Asiatique
Australian [ɒˈstreɪlɪən]	Australien(ne)
Austrian [ˈɒstrɪən]	Autrichien(ne)
Belgian [ˈbeldʒən]	Belge
Brazilian [brəˈzɪlɪən]	Brésilien(ne)
British (adj) [ˈbrɪtɪʃ]	britannique
Briton (n) [ˈbrɪtən]	Britannique
Bulgarian [bʌlˈgeərɪən]	Bulgare
Canadian [kəˈneɪdɪən]	Canadien(ne)
Chinese [tʃaɪˈniːz]	Chinois(e)
Czech [tʃek]	Tchèque
Dane (n) [deɪn]	Danois(e)
Danish (adj) [deɪnɪʃ]	danois(e)
Dutch (adj) [dʌtʃ]	hollandais(e)
Dutchman (n) [ˈ–mən]	Hollandais
Dutchwoman (n) [ˈ–wʊmən]	Hollandaise
Egyptian [ɪˈdʒɪpʃən]	Égyptien(ne)
English (adj) [ˈɪŋglɪʃ]	anglais(e)
Englishman (n)	Anglais
Englishwoman (n)	Anglaise
Eskimo [ˈeskɪməʊ]	Esquimau(de)
European [jʊərəˈpiːən]	Européen(ne)
Finn (n) [fɪn]	Finlandais(e)
Finnish (adj) [ˈfɪnɪʃ]	finlandais(e)
French (adj) [frentʃ]	français(e)
Frenchman (n)	Français
Frenchwoman (n)	Française
German [ˈdʒɜːmən]	Allemand(e)
Greek [griːk]	Grec(que)
Hungarian [hʌŋˈgeərɪən]	Hongrois(e)
Indian [ˈɪndɪən]	Indien(ne)

NATIONALITIES (*ctd*)

Irish (*adj*) [ˈaɪrɪʃ]	irlandais(e)
Irishman (*n*)	Irlandais
Irishwoman (*n*)	Irlandaise
Italian [ɪˈtæljən]	Italien(ne)
Japanese [dʒæpəˈniːz]	Japonais(e)
Jew (*n*) [dʒuː]	Juif, Juive
Jewish (*adj*) [ˈdʒuːɪʃ]	juif(juive)
Mexican [ˈmeksɪkən]	Mexicain(e)
Moroccan [məˈrɒkən]	Marocain(e)
New Zealand (*adj*) [njuːˈziːlənd]	néo-zélandais(e)
New Zealander (*n*) [njuːˈziːləndə]	Néo-Zélandais(e)
Norwegian [nɔːˈwiːdʒən]	Norvégien(ne)
Pakistani [pækɪˈstaːnɪ]	Pakistanais(e)
Pole (*n*) [pəʊl]	Polonais(e)
Polish (*adj*) [ˈpəʊlɪʃ]	polonais(e)
Portuguese [pɔːtjʊˈgiːz]	Portugais(e)
Rumanian [ruːˈmeɪnɪən]	Roumain(e)
Russian [ˈrʌʃən]	Russe
Scandinavian [skændɪˈneɪvɪən]	Scandinave
Scot (*n*) [skɒt]	Écossais(e)
Scotsman (*n*)	Écossais
Scotswoman (*n*)	Écossaise
Scottish (*adj*) [ˈskɒtɪʃ]	écossais(e)
Spaniard (*n*) [ˈspænɪəd]	Espagnol(e)
Spanish (*adj*) [ˈspænɪʃ]	espagnol(e)
Swede (*n*) [swiːd]	Suédois(e)
Swedish (*adj*) [ˈswiːdɪʃ]	suédois(e)
Swiss [swɪs]	Suisse
Tunisian [tjuːˈnɪzɪən]	Tunisien(ne)
Turk (*n*) [tɜːk]	Turc, Turque
Turkish (*adj*) [ˈtɜːkɪʃ]	turc(turque)
Welsh (*adj*) [welʃ]	gallois(e)
Welshman (*n*)	Gallois
Welshwoman (*n*)	Galloise
Yugoslav (*n*) [ˈjuːgəslɑːv]	Yougoslave
Yugoslavian (*adj*) [juːgəˈslɑːvɪən]	yougoslave

Là où vous ne trouvez pas d'adjectif, les formes substantives et adjectives sont identiques:

par ex. **he's a German** il est Allemand

       a German car une voiture allemande

CARDINAL NUMBERS

nought	0	zéro
one	1	un, une
two	2	deux
three	3	trois
four	4	quatre
five	5	cinq
six	6	six
seven	7	sept
eight	8	huit
nine	9	neuf
ten	10	dix
eleven	11	onze
twelve	12	douze
thirteen	13	treize
fourteen	14	quatorze
fifteen	15	quinze
sixteen	16	seize
seventeen	17	dix-sept
eighteen	18	dix-huit
nineteen	19	dix-neuf
twenty	20	vingt
twenty-one	21	vingt et un
twenty-two	22	vingt-deux
twenty-three	23	vingt-trois
thirty	30	trente
thirty-one	31	trente et un
thirty-two	32	trente-deux
forty	40	quarante
fifty	50	cinquante
sixty	60	soixante
seventy	70	soixante-dix
eighty	80	quatre-vingts
ninety	90	quatre-vingt-dix
a (*or* one) hundred	100	cent

CARDINAL NUMBERS (*ctd*)

a hundred and one	101	cent un
a hundred and two	102	cent deux
a hundred and ten	110	cent dix
a hundred and eighty-two	182	cent quatre-vingt-deux
two hundred	200	deux cents
two hundred and one	201	deux cent un
two hundred and two	202	deux cent deux
three hundred	300	trois cents
four hundred	400	quatre cents
five hundred	500	cinq cents
six hundred	600	six cents
seven hundred	700	sept cents
eight hundred	800	huit cents
nine hundred	900	neuf cents
a (*or* one) thousand	1000	mille
a thousand and one	1001	mille un
a thousand and two	1002	mille deux
two thousand	2000	deux mille
ten thousand	10 000	dix mille
a (*or* one) hundred thousand	100 000	cent mille
a (*or* one) million	1 000 000	un million
two million	2 000 000	deux millions

ORDINAL NUMBERS

first	1st	premier(ère)
second	2nd	deuxième
third	3rd	troisième
fourth	4th.	quatrième
fifth	5th	cinquième
sixth	6th	sixième
seventh	7th	septième
eighth	8th	huitième
ninth	9th	neuvième
tenth	10th	dixième
eleventh	11th	onzième
twelfth	12th	douzième
thirteenth	13th	treizième
fourteenth	14th	quatorzième
fifteenth	15th	quinzième
sixteenth	16th	seizième
seventeenth	17th	dix-septième
eighteenth	18th	dix-huitième
nineteenth	19th	dix-neuvième
twentieth	20th	vingtième
twenty-first	21st	vingt et unième
twenty-second	22nd	vingt-deuxième
thirtieth	30th	trentième
thirty-first	31st	trente et unième
fortieth	40th	quarantième
fiftieth	50th	cinquantième
sixtieth	60th	soixantième
seventieth	70th	soixante-dixième
eightieth	80th	quatre-vingtième
ninetieth	90th	quatre-vingt-dixième
hundredth	100th	centième

ORDINAL NUMBERS (*ctd*)

hundred and first	101st	cent unième
hundred and tenth	110th	cent-dixième
two hundredth	200th	deux centième
three hundredth	300th	trois centième
four hundredth	400th	quatre centième
five hundredth	500th	cinq centième
six hundredth	600th	six centième
seven hundredth	700th	sept centième
eight hundredth	800th	huit centième
nine hundredth	900th	neuf centième
thousandth	1000th	millième
two thousandth	2000th	deux millième
millionth	1 000 000th	millionième
two millionth	2 000 000th	deux millionième

FRACTIONS

a half (*pl* halves)	$\frac{1}{2}$	un demi; une demie
one and a half helpings	$1\frac{1}{2}$	une portion et demie
two and a half kilos	$2\frac{1}{2}$	deux kilos et demi
a third	$\frac{1}{3}$	un tiers
two thirds	$\frac{2}{3}$	deux tiers
a quarter	$\frac{1}{4}$	un quart
three quarters	$\frac{3}{4}$	trois quarts
a sixth	$\frac{1}{6}$	un sixième
five and five sixths	$5\frac{5}{6}$	cinq et cinq sixièmes
an eighth	$\frac{1}{8}$	un huitième
a twelfth	$\frac{1}{12}$	un douzième
seven twelfths	$\frac{7}{12}$	sept douzièmes
a sixteenth	$\frac{1}{16}$	un seizième
a hundredth	$\frac{1}{100}$	un centième
a thousandth	$\frac{1}{1000}$	un millième

WEIGHTS AND MEASURES

centimetre [ˈsentɪmiːtə]	centimètre
dozen [ˈdʌzən]	douzaine
foot [fʊt] (*pl* **feet** [fiːt])	pied
gallon [ˈgælən]	gallon
gramme [græm]	gramme
hundredweight [ˈhʌndrədweɪt]	50 kg
inch [ɪntʃ]	pouce
kilo [ˈkiːləʊ]	kilo
kilogramme [ˈkɪləgræm]	kilogramme
kilometre [kɪˈlɒmɪtə]	kilomètre
litre [ˈliːtə]	litre
metre [ˈmiːtə]	mètre
mile [maɪl]	mille
millimetre [ˈmɪlɪmiːtə]	millimètre
ounce [aʊns]	once
pint [paɪnt]	pinte
pound [paʊnd]	livre
stone* [stəʊn]	6,3 kg
ton [tʌn]	tonne
yard [jɑːd]	yard (*1 mètre*)
armful [ˈɑːmfʊl]	brassée
cupful [ˈkʌp–]	tasse
handful [ˈhænd–]	poignée
mouthful [ˈmaʊθ–]	bouchée; gorgée
plateful [ˈpleɪt–]	assiettée
spoonful [ˈspuːn–]	cuillerée

half a pint of milk un demi-litre de lait

a half-dozen une demi-douzaine

2 dozen eggs 2 douzaines d'œufs

to weigh peser; **to measure** mesurer

heavy lourd; **light** léger

he's 6 feet tall il mesure 1 m 80

a lake 100 metres broad un lac large de 100 mètres

to be 3 metres deep/long/wide/high avoir 3 mètres de profondeur/de long/de large/de haut

a little un peu (de)

a lot (of), lots (of) beaucoup (de)

quite a lot of pas mal de

how much combien (de)

how many combien (de)

few peu (de); **many** beaucoup (de)

full plein; **empty** vide

half-full à moitié plein

*PARTS OF THE BODY

ankle ['æŋkəl]	cheville
arm [ɑ:m]	bras
back* [bæk]	dos
body* ['bɒdɪ]	corps
chin [tʃɪn]	menton
ear [ɪə]	oreille
elbow ['elbəʊ]	coude
eye [aɪ]	œil
face* [feɪs]	visage, figure
finger ['fɪŋgə]	doigt
foot [fʊt] (*pl* feet [fi:t])	pied
hair* [heə] (*sg*)	cheveux
hand* [hænd]	main
head* [hed]	tête
knee [ni:]	genou
leg* [leg]	jambe
lip [lɪp]	lèvre
mouth* [maʊθ]	bouche
neck [nek]	cou
nose [nəʊz]	nez
shoulder ['ʃəʊldə]	épaule
toe [təʊ]	orteil, doigt de pied
tooth [tu:θ] (*pl* teeth [ti:θ])	dent

to break one's arm/leg se casser le bras/la jambe
to sprain one's ankle se tordre la cheville
to blow one's nose se moucher
to shrug one's shoulders hausser les épaules
to nod one's head faire oui de la tête
to shake one's head faire non de la tête
to shake hands with somebody serrer la main à quelqu'un
to walk barefoot marcher pieds nus
to walk on tiptoe marcher sur la pointe des pieds
on one's hands and knees, on all fours à quatre pattes
shoulder to shoulder coude à coude
the nape of the neck la nuque

**PARTS OF THE BODY

blood [blʌd]	sang
bone [bəʊn]	os
bust [bʌst]	poitrine (*de femme*)
cheek [tʃiːk]	joue
chest* [tʃest]	poitrine
eyebrow ['aɪbraʊ]	sourcil
figure ['fɪgə]	ligne
forehead ['fɒrɪd]	front
heart [hɑːt]	cœur
heel [hiːl]	talon
nail* [neɪl]	ongle
palm* [pɑːm]	paume
side [saɪd]	côté
skin [skɪn]	peau
stomach ['stʌmək]	estomac; ventre
throat [θrəʊt]	gorge
thumb [θʌm]	pouce
tongue [tʌŋ]	langue
waist [weɪst]	taille
wrist [rɪst]	poignet

from head to foot de la tête aux pieds

soaked to the skin trempé jusqu'aux os

soft/rough skin la peau douce/rêche

his heart was beating wildly son cœur battait violemment

to cut one's nails se couper les ongles

to have one's hair cut se faire couper les cheveux

to speak loudly parler à voix haute

to speak in a low voice parler à voix basse *ou* à mi-voix

at the top of one's voice à tue-tête, à pleins poumons

to suck one's thumb sucer son pouce

to stick out one's tongue tirer la langue

to have a good figure avoir la ligne

to keep/lose one's figure garder/perdre la ligne

to have a frog in one's throat avoir un chat dans la gorge

to be cross-eyed loucher, faire du strabisme

to be knock-kneed avoir les genoux cagneux

***PARTS OF THE BODY

armpit ['ɑ:mpɪt]	aisselle
artery ['ɑ:tərɪ]	artère
backbone ['bækbəʊn]	colonne vertébrale
big toe ['bɪg'–]	gros orteil
brain [breɪn]	cerveau
breast [brest]	sein
calf* [kɑ:f] (*pl* **calves** [kɑ:vz])	mollet
complexion [kəm'plekʃən]	teint
eyelash ['aɪlæʃ]	cil
eyelid ['aɪlɪd]	paupière
feature ['fi:tʃə]	trait
fist [fɪst]	poing
flesh [fleʃ]	chair
forefinger ['fɔ:fɪŋgə]	index
hip [hɪp]	hanche
jaw [dʒɔ:]	mâchoire
joint ['dʒɔɪnt]	articulation
kidney ['kɪdnɪ]	rein
knuckle ['nʌkəl]	articulation du doigt
liver ['lɪvə]	foie
lung [lʌŋ]	poumon
muscle ['mʌsəl]	muscle
nerve* [nɜ:v]	nerf
pupil* ['pju:pəl]	prunelle
rib [rɪb]	côte
rib cage ['–'keɪdʒ]	cage thoracique
skeleton ['skelɪtən]	squelette
sole of the foot ['səʊl–]	plante du pied
spine [spaɪn]	colonne vertébrale
temple ['tempəl]	tempe
thigh [θaɪ]	cuisse
vein [veɪn]	veine

to dig *or* **poke somebody in the ribs** donner un coup de coude dans les côtes de quelqu'un

to kneel (down) s'agenouiller

to stand up se lever, se mettre debout

to frown froncer les sourcils

to clench one's fists/one's teeth serrer les poings/les dents

to point to something montrer quelque chose du doigt

to yawn bâiller

*THE POST OFFICE

address [əˈdres]	adresse
airmail [ˈeəmeɪl]	poste aérienne
callbox [ˈkɔːlbɒks]	cabine téléphonique
collection* [kəˈlekʃən]	levée
counter* [ˈkaʊntə]	guichet
counter clerk [−ˈklɑːk]	employé
delivery [dɪˈlɪvrɪ]	distribution
dial [daɪl]	cadran
envelope [ˈenvələʊp]	enveloppe
form* [fɔːm]	formulaire
information [ɪnfəˈmeɪʃən] *(sg)*	renseignements
letter [ˈletə]	lettre
letterbox [ˈletəbɒks]	boîte aux lettres
mail [meɪl]	courrier
mailbag [ˈmeɪlbæg]	sac postal
name [neɪm]	nom
number* [ˈnʌmbə]	numéro
parcel [ˈpɑːsəl]	paquet, colis
pen [pen]	stylo
phone [fəʊn]	téléphone
phone call [ˈ−kɔːl]	coup de téléphone
pillar box [ˈpɪləbɒks]	boîte aux lettres
post* [pəʊst]	poste; courrier
postage stamp [ˈpəʊstɪdʒ−]	timbre-poste
postal order [ˈpəʊstəlˈɔːdə]	mandat(-poste)
postbag [ˈpəʊstbæg]	sac postal
postbox [ˈ−bɒks]	boîte aux lettres
postcard [ˈ−kɑːd]	carte postale
postman [ˈ−mən]	facteur
post office [ˈ−ɒfɪs]	bureau de poste
receiver [rɪˈsiːvə]	récepteur
reply [rɪˈplaɪ]	réponse
stamp [stæmp]	timbre
telegram [ˈtelɪgræm]	télégramme
telephone [ˈtelɪfəʊn]	téléphone

to deliver the mail distribuer le courrier
to post a letter mettre une lettre à la poste
by airmail par avion; **to send a parcel** envoyer un paquet
by post par la poste; **by return (of) post** par retour du courrier
to fill in *or* **fill up a form** remplir une formulaire
in block *or* **capital letters** en majuscules
to phone somebody téléphoner à quelqu'un
to lift the receiver décrocher
to dial faire, composer; **to hang up** raccrocher
to get a wrong number se tromper de numéro
to ring somebody up téléphoner à quelqu'un

**THE POST OFFICE

airmail letter	aérogramme
first-class mail ['fɜːstklɑːsˈ–]	courrier (tarif) normal
letter-card ['letəkɑːd]	carte-lettre
mail van ['–væn]	camionnette des postes
operator ['ɒpəreɪtə]	standardiste
package ['pækɪdʒ]	paquet, colis
phone book ['–bʊk]	annuaire du téléphone
registered letter ['redʒɪstəd–]	lettre recommandée
second-class mail ['sekənd – –]	courrier (tarif) réduit
switchboard ['swɪtʃbɔːd]	standard
telephone directory [–daɪˈrektrɪ]	annuaire du téléphone
window* ['wɪndəʊ]	guichet
wrapper ['ræpə]	papier d'emballage; bande
writing paper ['raɪtɪŋˈpeɪpə]	papier à lettres

***THE POST OFFICE

addressee [ədreˈsiː]	destinataire
brown paper [braʊn–]	papier d'emballage
giro ['dʒaɪrəʊ] *(sg)*	les comptes chèques postaux
local call ['ləʊkəlˈkɔːl]	communication locale
postage ['pəʊstɪdʒ]	port
postal code [–ˈkəʊd]	code postal
printed matter ['prɪntədˈmætə] *(sg)*	imprimés
sender ['sendə]	expéditeur(trice)
sorting office ['sɔːtɪŋ–]	bureau de tri
subscriber [səbˈskraɪbə]	abonné(e)
telegraph pole ['telɪɡrɑːfˈpəʊl]	poteau télégraphique
telephonist [tɪˈlefənɪst]	standardiste
trunk call ['trʌŋkkɔːl]	communication interurbaine
wire* ['waɪə]	télégramme
Yellow Pages ['jeləʊˈpeɪdʒɪz]	annuaire des professions

to answer the (tele)phone répondre au téléphone; **hello** allô
who's speaking? qui est à l'appareil?; c'est de la part de qui?
this is Charles ici Charles; **'speaking'** 'lui-même' *etc*, 'c'est moi'
hold the line please ne quittez pas
the dialling tone la tonalité; **the ringing tone** le signal d'appel
the engaged signal la tonalité occupé
I've been cut off on m'a coupé
to receive recevoir; **to forward** faire suivre
to send back renvoyer

*PROFESSIONS AND TRADES

actor ['æktə]	acteur
actress ['æktrəs]	actrice
architect ['ɑ:kɪtekt]	architecte
boss [bɒs]	patron(ne)
builder ['bɪldə]	constructeur (de maisons)
bus conductor ['bʌskən'dʌktə]	receveur d'autobus
bus conductress ['–kən'dʌktrəs]	receveuse d'autobus
bus driver ['–draɪvə]	conducteur d'autobus
business* ['bɪznəs] *(sg)*	entreprise; affaires
businessman [–mæn]	homme d'affaires
clerk [klɑ:k]	employé *(de bureau)*
colleague ['kɒli:g]	collègue
cook [kʊk]	cuisinier(ère)
dentist ['dentɪst]	dentiste
doctor ['dɒktə]	médecin
electrician [ɪlek'trɪʃən]	électricien
employee [emplɔɪ'i:]	employé(e)
employer [em'plɔɪə]	employeur
engineer [endʒɪ'nɪə]	ingénieur
expert ['ekspɜ:t]	expert
farmer ['fɑ:mə]	fermier
fireman ['faɪəmən]	pompier
hairdresser ['heədresə]	coiffeur(euse)
job [dʒɒb]	emploi; travail
joiner ['dʒɔɪnə]	menuisier
journalist ['dʒɜ:nəlɪst]	journaliste
judge [dʒʌdʒ]	juge
lawyer ['lɔɪə]	homme de loi, juriste

to apply for a job faire une demande d'emploi
what work do you do?, what is your job? que faites-vous dans la vie?
he's a doctor/teacher il est médecin/professeur
he is a plumber by trade *or* **to trade** il est plombier de son métier

*PROFESSIONS AND TRADES (*ctd*)

lorry driver [ˈlɔrɪˈdraɪvə]	camionneur
miner [ˈmaɪnə]	mineur
nurse [nɜːs]	infirmière
office [ˈɒfɪs]	bureau
painter [ˈpeɪntə]	peintre
photographer [fəˈtɒɡrəfə]	photographe
pilot [ˈpaɪlət]	pilote
plumber [ˈplʌmə]	plombier
policeman [pəˈliːsmən]	agent de police
policewoman [pəˈliːswʊmən]	femme-agent
post* [pəʊst]	poste, situation
profession [prəˈfeʃən]	profession
reporter [rɪˈpɔːtə]	reporter
sailor [ˈseɪlə]	marin
salesgirl [ˈseɪlzɡɜːl]	vendeuse
salesman* [ˈseɪlzmən]	vendeur; représentant de commerce
secretary [ˈsekrətrɪ]	secrétaire
shop assistant [ˈʃɒpəˈsɪstənt]	vendeur(euse)
shopkeeper [ˈʃɒpkiːpə]	marchand(e)
soldier [ˈsəʊldʒə]	soldat
strike [straɪk]	grève
teacher [ˈtiːtʃə]	professeur; instituteur(trice)
trade* [treɪd]	métier
typist [ˈtaɪpɪst]	dactylographe
work [wɜːk]	travail
worker [ˈwɜːkə]	ouvrier(ère)
writer [ˈraɪtə]	écrivain

to be out of work être en chômage
to be dismissed être renvoyé
to earn £100 per week gagner 100 livres par semaine
to (go on) strike se mettre en grève

**PROFESSIONS AND TRADES

accountant [ə'kaʊntənt]	comptable
administration [ədmɪnɪ'streɪʃən]	administration
air hostess ['eə'həʊstes]	hôtesse de l'air
artist ['ɑːtɪst]	artiste
author ['ɔːθə]	auteur
bricklayer ['brɪkleɪə]	maçon
career [kə'rɪə]	carrière
caretaker ['keəteɪkə]	concierge
carpenter ['kɑːpɪntə]	charpentier
chemist* ['kemɪst]	chimiste; pharmacien(ne)
civil servant ['sɪvəl'sɜːvənt]	fonctionnaire
cleaning woman ['kliːnɪŋ'wʊmən]	femme de ménage
company ['kʌmpənɪ]	compagnie
computer programmer [kəm'pjuːtə'prəʊgræmə]	programmeur(euse)
customs officer ['kʌstəmz'ɒfɪsə]	douanier
designer [dɪ'zaɪnə]	dessinateur(trice)
director [daɪ'rektə]	directeur(trice); metteur en scène; réalisateur(trice)
dispute* ['dɪspjuːt]	conflit
dressmaker ['dresmeɪkə]	couturière
editor ['edɪtə]	rédacteur(trice)
fashion designer ['fæʃən–]	couturier
firm [fɜːm]	firme
foreman ['fɔːmən]	chef d'équipe, contremaître
G.P. ['dʒiː'piː], **general practitioner** ['dʒenrəlpræk'tɪʃnə]	médecin généraliste
interpreter [ɪn'tɜːprɪtə]	interprète
labourer ['leɪbərə]	manœuvre

to set to work, get down to work se mettre au travail
to work part-time/full-time travailler à temps partiel/plein

**PROFESSIONS AND TRADES (*ctd*)

librarian [laɪˈbreərɪən]	bibliothécaire
mechanic [məˈkænɪk]	mécanicien
M.P. [ˈemˈpiː], **member of parliament** [ˈmembəəvˈpɑːlɪmənt]	≈ député
minister [ˈmɪnɪstə]	pasteur; ministre
ministry [ˈmɪnɪstrɪ]	ministère
model* [ˈmɒdəl]	mannequin
musician [mjuːˈzɪʃən]	musicien(ne)
pay [peɪ]	salaire
politician [pɒləˈtɪʃən]	homme *ou* femme politique
priest [priːst]	prêtre; curé
Prime Minister [ˈpraɪm–]	premier ministre
psychologist [saɪˈkɒlədʒɪst]	psychologue
receptionist [rɪˈsepʃənɪst]	réceptionniste
representative [reprɪˈzentətɪv]	représentant de commerce
salary [ˈsælərɪ]	salaire
scientist [ˈsaɪəntɪst]	scientifique
seaman [ˈsiːmən]	marin
solicitor [səˈlɪsɪtə]	≈ avoué
staff [stɑːf]	personnel
striker [ˈstraɪkə]	gréviste
taxi driver [ˈtæksɪˈdraɪvə]	chauffeur de taxi
tradesman [ˈtreɪdzmən]	commerçant
training* [ˈtreɪnɪŋ]	formation
vet(erinary surgeon) [ˈvet(ənrɪˈsɜːdʒən)]	vétérinaire
vicar [ˈvɪkə]	pasteur
wages [ˈweɪdʒəs] (*pl*)	salaire
waiter [ˈweɪtə]	garçon
waitress [ˈweɪtrəs]	serveuse

to be taken on être engagé
a wage rise une augmentation de salaire
a wage demand une demande de révision de salaire

***PROFESSIONS AND TRADES

ambulanceman ['æmbjʊlənsmæn]	ambulancier
announcer [ə'naʊnsə]	speaker(ine)
apprentice [ə'prentɪs]	apprenti
apprenticeship [–ʃɪp]	apprentissage
astronaut ['æstrənɔ:t]	cosmonaute
barrister ['bærɪstə]	avocat
cameraman ['kæmrəmæn]	opérateur (de prise de vue)
chairman ['tʃeəmən]	président (*de firme*)
chairwoman ['–wʊmən]	présidente
chimney sweep ['tʃɪmnɪ'swi:p]	ramoneur
cobbler ['kɒblə]	cordonnier
cosmonaut ['kɒzmənɔ:t]	cosmonaute
craftsman ['krɑ:ftsmən]	artisan
draughtsman ['drɑ:ftsmən]	dessinateur
employment agency [em'plɔɪmənt'eɪdʒənsɪ]	agence de placement
film star ['fɪlmstɑ:]	vedette (de cinéma)
executive [eg'zekjətɪv]	cadre
glazier ['gleɪzɪə]	vitrier
go-slow ['gəʊsləʊ]	grève perlée
inspector [ɪn'spektə]	inspecteur; contrôleur
job centre ['–'sentə]	agence pour l'emploi
labour exchange ['leɪbəɪks'tʃeɪndʒ]	bourse de l'emploi
long-distance lorry driver ['lɒŋ'dɪstəns–]	routier
manager ['mænɪdʒə]	gérant
manageress [mænɪdʒə'res]	gérante
managing director ['mænɪdʒɪŋ–]	président-directeur général

'situations vacant/wanted' 'offres/demandes d'emploi'
to be made redundant être licencié *ou* mis en chômage
to make somebody redundant mettre quelqu'un au *ou* en chômage
to be on the dole être au chômage

***PROFESSIONS AND TRADES (*ctd*)

mason ['meɪsən]	maçon
monk [mʌŋk]	moine
nun [nʌn]	religieuse
pension ['penʃən]	retraite (*pension*)
personnel manager [pɜ:sə'nel–]	chef du personnel
plasterer ['plɑ:stərə]	plâtrier
poet ['pəʊət]	poète
president ['prezɪdənt]	président
printer ['prɪntə]	imprimeur
publisher ['pʌblɪʃə]	éditeur
racing driver ['reɪsɪŋ'draɪvə]	pilote de course
retirement [rɪ'taɪəmənt]	retraite
shop steward [–'stju:əd]	délégué(e) syndical(e)
shorthand typist ['ʃɔ:thænd–]	sténo-dactylo
slater ['sleɪtə]	couvreur
surgeon ['sɜ:dʒən]	chirurgien
tailor ['teɪlə]	tailleur
temp [temp]	intérimaire
trade union [–'ju:nɪən]	syndicat
trainee [treɪ'ni:]	stagiaire
training course [–'kɔ:s]	stage
tramp [træmp]	clochard
undertaker ['ʌndəteɪkə]	entrepreneur des pompes funèbres
usherette [ʌʃə'ret]	ouvreuse
window cleaner ['wɪndəʊ'kli:nə]	laveur de vitres
work-to-rule [–tə'ru:l]	grève du zèle

to go on a (training) course faire un stage
to be unemployed être en *ou* au chômage
to be self-employed travailler à son compte
to retire prendre sa retraite

*THE RAILWAY

arrival [əˈraɪvəl]	arrivée
barrier [ˈbærɪə]	barrière
booking office [ˈbʊkɪŋˈɒfis]	guichet
brake [breɪk]	frein
bridge* [brɪdʒ]	pont
carriage [ˈkærɪdʒ]	voiture, wagon
case [keɪs]	valise
class [klɑ:s]	classe
clock* [klɒk]	horloge
coach* [kəʊtʃ]	voiture, wagon
compartment [kəmˈpɑ:tmənt]	compartiment
departure [dɪˈpɑ:tʃə]	départ
destination [destɪˈneɪʃən]	destination
direction [daɪˈrekʃən]	direction
door* [dɔ:]	portière
driver [ˈdraɪvə]	conducteur
entrance [ˈentrəns]	entrée
exit [ˈeksɪt]	sortie
fare [feə]	prix du ticket
guard [gɑ:d]	chef de train
journey [ˈdʒɜ:nɪ]	voyage; trajet
left luggage office [ˈleftˈlʌgɪdʒˈɒfis]	consigne
level crossing [ˈlevəlˈkrɒsɪŋ]	passage à niveau
line [laɪn]	voie (ferrée); ligne
luggage [ˈlʌgɪdʒ] (*sg*)	bagages

to travel by train *or* **by rail** voyager en train

to send by rail envoyer par (le) train

to get into the train monter dans le train

to get out of the train descendre du train

to miss the train manquer le train

to take *or* **catch the train** prendre le train

all aboard! en voiture!

to go and fetch somebody from the station aller chercher quelqu'un à la gare

to go with somebody to the station accompagner quelqu'un à la gare

*THE RAILWAY (ctd)

luggage rack [-'ræk]	filet
number ['nʌmbə]	numéro
passenger* ['pæsɪndʒə]	voyageur(euse)
passport ['pɑ:spɔ:t]	passeport
platform* ['plætfɔ:m]	quai
platform ticket	billet de quai
porter ['pɔ:tə]	porteur
railway ['reɪlweɪ]	chemin de fer
return (ticket) [rɪ'tɜ:n-]	billet aller-retour
seat* [si:t]	place; banquette
single* (ticket) ['sɪŋgəl-]	billet simple
station ['steɪʃən]	gare
stationmaster [-'mɑ:stə]	chef de gare
suitcase ['su:tkeɪs]	valise
ticket* ['tɪkɪt]	billet
ticket collector [-kə'lektə]	contrôleur
timetable* ['taɪmteɪbəl]	horaire
track* [træk]	voie (ferrée)
train [treɪn]	train
traveller ['trævələ]	voyageur(euse)
tunnel ['tʌnəl]	tunnel
underground ['ʌndəgraʊnd]	métro
waiting room* ['weɪtɪŋru:m]	salle d'attente
window* ['wɪndəʊ]	vitre, glace; guichet

to pack/unpack (one's luggage) faire/défaire ses bagages
the train enters the station le train entre en gare
the train is in the station le train est en gare
a first-class/second-class compartment un compartiment de première/deuxième (classe)
a smoking/non-smoking compartment un compartiment fumeur/non-fumeur
to take down the luggage from the rack descendre les bagages du filet
is this seat taken/free? c'est pris/libre?

**THE RAILWAY

alarm [ə'lɑːm]	signal d'alarme
communication cord [kə'mjuːnɪ'keɪʃənkɔːd]	signal d'alarme
connection* [kə'nekʃən]	correspondance
delay [dɪ'leɪ]	retard
diesel ['diːzəl]	diesel
engine* ['endʒɪn]	locomotive
engine-driver [–'draɪvə]	mécanicien
express (train) [ek'spres(–)]	rapide
goods train ['gʊdz–]	train de marchandises
guard's van ['gɑːdzvæn]	fourgon du chef de train
label ['leɪbəl]	étiquette
rails [reɪlz]	rails
restaurant car ['restrɑ̃ːŋ'kɑː]	wagon-restaurant
sleeping car ['sliːpɪŋ'–]	wagon-lit
station buffet [–'bʊfeɪ]	buffet
underground station	station de métro

***THE RAILWAY

cutting ['kʌtɪŋ]	tranchée
derailment [dɪ'reɪlmənt]	déraillement
embankment [em'bæŋkmənt]	talus, remblai
escalator ['eskəleɪtə]	escalier roulant
extra charge ['ekstrə'tʃɑːdʒ]	supplément
locomotive ['ləʊkə'məʊtɪv]	locomotive
points [pɔɪnts]	aiguilles
railwayman ['reɪlweɪmən]	cheminot
season ticket ['siːzən–]	carte d'abonnement
signal box ['sɪgnəlbɒks]	cabine d'aiguillage
taxi rank ['tæksɪ'ræŋk]	station de taxis
trunk* [trʌŋk]	malle

to pull the communication cord sonner l'alarme
'do not lean out of the window' 'ne pas se pencher au dehors'
to catch/miss one's connection attraper/manquer sa correspondance
to have a reservation avoir une place réservée
is there a direct train to Glasgow? est-ce qu'il y a un train direct pour Glasgow?
to brake sharply freiner brusquement
to be derailed dérailler
to punch a ticket composter/poinçonner un billet

*AT THE SEASIDE

bathe [beɪð]	baignade
bather ['beɪðə]	baigneur(euse)
bathing costume ['beɪðɪŋ'kɒstjuːm]	maillot (de bain)
beach [biːtʃ]	plage
bikini [bɪ'kiːnɪ]	bikini
boat [bəʊt]	bateau
coast [kəʊst]	côte
current ['kʌrənt]	courant
fare [feə]	prix du billet
harbour ['hɑːbə]	port
holiday-maker ['hɒlɪdɪmeɪkə]	vacancier(ère)
island ['aɪlənd]	île
lighthouse ['laɪthaʊs]	phare
outing ['aʊtɪŋ]	sortie
picnic ['pɪknɪk]	pique-nique
port [pɔːt]	port
rock [rɒk]	rocher
sand [sænd]	sable
sandcastle ['–kɑːsəl]	château de sable
sea [siː]	mer
ship [ʃɪp]	bateau
stone* [stəʊn]	pierre
sun [sʌn]	soleil
swim [swɪm]	baignade
swimming ['swɪmɪŋ]	natation
swimsuit ['swɪmsuːt]	maillot (de bain)
tide [taɪd]	marée
trip [trɪp]	excursion
trunks [trʌŋks] (*pl*)	slip de bain
walk* [wɔːk]	promenade
water ['wɔːtə]	eau
wave [weɪv]	vague

to go for a swim aller se baigner
to go for a picnic faire un pique-nique
out at sea en haute *ou* pleine mer
at high/low tide à marée haute/basse
to sail, go sailing faire de la voile
to go fishing aller à la pêche
to go on a boat trip faire une promenade en bateau
to go on a cruise partir en croisière
the boat headed for Dover le bateau a mis le cap sur Douvres
to be seasick avoir le mal de mer

**AT THE SEASIDE

anchor ['æŋkə]	ancre
bay [beɪ]	baie
boarding house ['bɔ:dɪŋhaʊs]	pension (de famille)
bottom ['bɒtəm]	fond
café ['kæfeɪ]	café
cliff [klɪf]	falaise
crab [kræb]	crabe
crew [kru:]	équipage
crossing ['krɒsɪŋ]	traversée
deck [dek]	pont
deckchair ['dektʃeə]	chaise longue
fisherman ['fɪʃəmən]	pêcheur
fishing boat ['fɪʃɪŋ–]	bateau de pêche
fishing net [–'net]	filet de pêche
horizon [hə'raɪzən]	horizon
hotel [həʊ'tel]	hôtel
jellyfish ['dʒelɪfɪʃ]	méduse
lifebelt ['laɪfbelt]	ceinture de sauvetage
lifeboat ['laɪfbəʊt]	canot de sauvetage
lilo ['laɪləʊ]	matelas pneumatique
navy ['neɪvɪ]	marine
oar [ɔ:]	rame
ocean ['əʊʃən]	océan
pedal boat ['pedəl–]	pédalo
picnic basket [–'bɑ:skət]	panier à pique-nique
restaurant ['restrɑ̃:ŋ]	restaurant
rowing boat ['rəʊɪŋ–]	bateau à rames
sail [seɪl]	voile; promenade en bateau
seagull ['si:gʌl]	mouette
seaweed ['si:wi:d] (*sg*)	algues
shell* [ʃel]	coquillage
shore [ʃɔ:]	rivage
sunglasses ['sʌnglɑ:səz]	lunettes de soleil

to dive plonger; **to float** flotter; faire la planche
to go for a paddle aller faire trempette
to go surfing faire du surf
to splash éclabousser
soaked to the skin, wet through trempé jusqu'aux os
to get tanned se faire bronzer
to peel peler
to capsize chavirer
to drift aller à la dérive; être emporté par le vent
to sink couler
at the bottom of the sea au fond de la mer

***AT THE SEASIDE

air-bed [ˈeəbed]	matelas pneumatique
binoculars [bɪˈnɒkjʊləz]	jumelles
bridge★ [brɪdʒ]	passerelle
bucket [ˈbʌkɪt]	seau
buoy [bɔɪ]	bouée
candy-floss [ˈkændɪflɒs]	barbe à papa
cargo [ˈkɑ:gəʊ]	cargaison
coastguard [ˈkəʊstgɑ:d]	garde-côte
cruise [kru:z]	croisière
donkey-ride [ˈdɒŋkɪraɪd]	promenade à dos d'âne
fairground [ˈfeəgraʊnd]	champ de foire
ferry(-boat) [ˈferɪ–]	ferry; bac
flag★ [flæg]	pavillon
fleet [fli:t]	flotte
foam [fəʊm]	écume
funnel [ˈfʌnəl]	cheminée
gangway [ˈgæŋweɪ]	passerelle (*voie d'accès*)
jetty [ˈdʒetɪ]	jetée
lifeguard [ˈlaɪfgɑ:d]	maître nageur
liner [ˈlaɪnə]	paquebot
lobster pot [ˈlɒbstəˈpɒt]	casier à homards
marina [məˈri:nə]	port de plaisance
mast [mɑ:st]	mât
pebble [ˈpebəl]	caillou
pier [pɪə]	jetée
quay [ki:]	quai
quayside [ˈki:saɪd]	quai
raft [rɑ:ft]	radeau
rudder [ˈrʌdə]	gouvernail
sea air [ˈ–ˈeə]	air marin
sea front [ˈ–frʌnt]	front de mer
seasickness [ˈsi:sɪknəs]	mal de mer
seaside resort [ˈsi:saɪdɪˈzɔ:t]	station balnéaire
shipwreck [ˈʃɪprek]	naufrage; épave
smoke [sməʊk]	fumée
spade★ [speɪd]	pelle
spray [spreɪ] (*sg*)	embruns
steamer [ˈsti:mə]	bateau à vapeur
sunstroke [ˈsʌnstrəʊk]	coup de soleil
sun(-tan) cream [ˈsʌn(tæn)ˈkri:m]	crème solaire
surfboard [ˈsɜ:fbɔ:d]	planche de surf
vessel [ˈvesəl]	vaisseau
wreck [rek]	épave

*SHOPS AND SHOPKEEPERS

article [ˈɑːtɪkəl]	article
baker [ˈbeɪkə]	boulanger
baker's (shop) [–z–]	boulangerie
bank* [bæŋk]	banque
basement [ˈbeɪsmənt]	sous-sol
bill* [bɪl]	addition; facture
bookshop [ˈbʊk–]	librairie
butcher [ˈbʊtʃə]	boucher
butcher's (shop) [–z–]	boucherie
café [ˈkæfeɪ]	café
cash desk [ˈkæʃdesk]	caisse
change [tʃeɪndʒ]	monnaie
chemist* [ˈkemɪst]	pharmacien(ne)
chemist's (shop) [–s–]	pharmacie
cheque [tʃek]	chèque
counter* [ˈkaʊntə]	comptoir
customer [ˈkʌstəmə]	client(e)
department [dɪˈpɑːtmənt]	rayon
department store [–ˈstɔː]	grand magasin
errand [ˈerənd]	course
fishmonger [ˈfɪʃmʌŋgə]	poissonnier
grocer [ˈgrəʊsə]	épicier
grocer's (shop) [–z–]	épicerie
ground floor [ˈgraʊndflɔː]	rez-de-chaussée
market [ˈmɑːkɪt]	marché
money [ˈmʌnɪ]	argent
newsagent [ˈnjuːzeɪdʒənt]	marchand de journaux
post office [ˈpəʊstɒfɪs]	bureau de poste
present* [ˈprezənt]	cadeau
price [praɪs]	prix
product [ˈprɒdʌkt]	produit
purse [pɜːs]	porte-monnaie
queue [kjuː]	queue
restaurant [ˈrestrɑ̃ːŋ]	restaurant
shop [ʃɒp]	magasin
shop assistant [ˈ–əˈsɪstənt]	vendeur(euse)
shopkeeper [ˈʃɒpkiːpə]	marchand(e)
shopping [ˈʃɒpɪŋ] (*sg*)	courses
shopping centre [–ˈsentə]	centre commercial
shop window [ˈ–ˈwɪndəʊ]	vitrine
supermarket [ˈsuːpə–]	supermarché
sweetshop [ˈswiːt–]	confiserie
till [tɪl]	caisse
wallet [ˈwɒlɪt]	porte-feuille

at the butcher's/baker's chez le boucher/le boulanger
to buy/sell something acheter/vendre quelque chose

**SHOPS AND SHOPKEEPERS

bargain ['bɑːgən]	marché (*transaction*); occasion (*avantageuse*)
bookseller ['bʊkselə]	libraire
boutique [buːˈtiːk]	boutique
brand [brænd]	marque
business* ['bɪznəs]	commerce
buyer ['baɪə]	acheteur(euse)
client ['klaɪənt]	client(e)
company ['kʌmpənɪ]	compagnie
dry cleaner's [draɪˈkliːnəz]	pressing
employee [emplɔɪˈiː]	employé(e)
escalator ['eskəleɪtə]	escalier roulant
firm [fɜːm]	maison de commerce
fruiterer ['fruːtərə]	fruitier
goods [gʊdz]	marchandises
greengrocer ['griːngrəʊsə]	marchand de légumes
hairdresser ['heədresə]	coiffeur(euse)
hardware shop ['hɑːdweə–]	quincaillerie
ironmonger ['aɪənmʌŋgə]	quincaillier
ironmonger's (shop) [–z–]	quincaillerie
jeweller ['dʒʊələ]	bijoutier
jeweller's (shop) [–z–]	bijouterie
launderette [lɔːnˈdret]	laverie automatique
lift [lɪft]	ascenseur
make [meɪk]	marque
model* ['mɒdəl]	modèle; mannequin
payment ['peɪmənt]	paiement
receipt [rɪˈsiːt]	reçu
sale [seɪl] (*sg*)	vente; soldes
sales [–z]	soldes
shoe shop ['ʃuː–]	magasin de chaussures
shopper ['ʃɒpə]	acheteur(euse)
size* [saɪz]	taille
stationer's ['steɪʃənəz]	papeterie
tobacconist's [təˈbækənɪsts]	bureau de tabac
tradesman ['treɪdzmən]	commerçant

dear, expensive cher; **cheap** bon marché
to go shopping faire des courses
I paid £5 for it je l'ai payé 5 livres
to spend too much money dépenser trop d'argent
how much does it cost? ça coûte combien?
how much does it come to? ça fait combien?
'for sale' 'à vendre'; **'on sale here'** 'en vente ici'
to queue up faire la queue

***SHOPS AND SHOPKEEPERS

barber ['bɑːbə]	coiffeur (*pour hommes*)
bookmaker ['bʊkmeɪkə]	bookmaker
branch* [brɑːntʃ]	succursale
building society ['bɪldɪŋsə'saɪətɪ]	société de crédit immobilier
cake shop ['keɪk–]	pâtisserie
cobbler ['kɒblə]	cordonnier
confectioner [kən'fekʃənə]	confiseur; pâtissier
confectioner's [–z]	confiserie(-pâtisserie)
coupon ['kuːpən]	bon
dairy ['deərɪ]	crémerie
delicatessen ['delɪkə'tesən]	épicerie fine
display [dɪ'spleɪ]	étalage
draper ['dreɪpə]	marchand de nouveautés
dummy ['dʌmɪ]	mannequin
estate agency [ɪ'steɪt'eɪdʒənsɪ]	agence immobilière
estate agent [–'eɪdʒənt]	agent immobilier
general food store ['dʒenrəl'fuːd'stɔː]	alimentation générale
hypermarket ['haɪpəmɑːkɪt]	hypermarché
insurance company [ɪn'ʃʊərəns–]	compagnie d'assurances
laundry ['lɔːndrɪ]	blanchisserie
optician [ɒp'tɪʃən]	opticien(ne)
perfumery counter [pɜː'fjuːmərɪ–]	parfumerie
pet shop ['pet–]	boutique d'animaux
pub [pʌb]	pub
salesman* ['seɪlzmən]	vendeur
sale-time ['seɪltaɪm]	saison des soldes
savings bank ['seɪvɪŋz–]	caisse d'épargne
selling ['selɪŋ]	vente
showroom ['ʃəʊruːm]	salle d'exposition
tailor ['teɪlə]	tailleur
trade* [treɪd]	commerce (*activité*)
travel agency ['trævəl'eɪdʒənsɪ]	agence de voyages
travel agent [–'eɪdʒənt]	agent de tourisme
watchmaker ['wɒtʃmeɪkə]	horloger
watchmaker's [–z]	horlogerie

to deliver goods livrer les marchandises; **secondhand** d'occasion
to go window-shopping faire du lèche-vitrines
to pay cash/by cheque payer en espèces/par chèque

*SICKNESS AND HEALTH

ache [eɪk]	douleur
ambulance ['æmbjʊləns]	ambulance
aspirin ['æsprɪn]	(cachet d')aspirine
bandage ['bændɪdʒ]	bandage
blood [blʌd]	sang
bruise [bru:z]	bleu
chemist* ['kemɪst]	pharmacien(ne)
cold* [kəʊld]	rhume
cough [kɒf]	toux
cream [kri:m]	crème
cut [kʌt]	coupure
dentist ['dentɪst]	dentiste
doctor ['dɒktə]	médecin
drug [drʌg]	médicament
first aid ['fɜ:st'eɪd] (sg)	premiers soins
flu [flu:]	grippe
headache ['hedeɪk]	mal de tête
health [helθ]	santé
hospital ['hɒspɪtəl]	hôpital
illness ['ɪlnəs]	maladie
influenza [ɪnflu:'enzə]	grippe
injury ['ɪndʒərɪ]	blessure
medicine ['medsɪn]	médicament; médecine
nurse [nɜ:s]	infirmière
ointment ['ɔɪntmənt]	pommade
operation [ɒpə'reɪʃən]	opération
pain [peɪn]	douleur
patient ['peɪʃənt]	malade
pill [pɪl]	pilule
prescription [prɪ'skrɪpʃən]	ordonnance
scratch [skrætʃ]	égratignure
(sticking) plaster* ['stɪkɪŋ'plɑ:stə]	sparadrap
tablet ['tæblət]	comprimé
temperature ['temprətʃə]	température
toothache ['tu:θeɪk]	mal de dents

to feel well/ill se sentir bien/malade
to be healthy/unhealthy être en bonne/mauvaise santé
to have a sore throat avoir mal à la gorge
to have a temperature avoir *ou* faire de la température
to have a cold être enrhumé
to catch a cold s'enrhumer, attraper un rhume
to cough tousser; **to sneeze** éternuer
I feel sick j'ai mal au cœur
to have toothache/a headache/(a) stomach ache avoir mal aux dents/à la tête/au ventre
to stay in bed garder le lit; **in hospital** à l'hôpital

SICKNESS AND HEALTH

appendicitis [əpendɪ'saɪtɪs]	appendicite
cancer ['kænsə]	cancer
chickenpox ['tʃɪkənpɒks]	varicelle
clinic ['klɪnɪk]	clinique
crutch [krʌtʃ]	béquille
disease [dɪ'ziːz]	maladie
German measles ['dʒɜːmən–] (sg)	rubéole
hay fever ['heɪfiːvə]	rhume des foins
heart attack ['hɑːtə'tæk]	crise cardiaque
injection [ɪn'dʒekʃən]	piqûre
measles ['miːzəlz] (sg)	rougeole
mumps [mʌmps] (sg)	oreillons
operating theatre ['ɒpəreɪtɪŋ'θɪətə]	salle d'opération
plaster* ['plɑːstə]	plâtre
pulse [pʌls]	pouls
rest [rest]	repos
scar [skɑː]	cicatrice
sickness ['sɪknəs]	nausée; maladie
sling [slɪŋ]	écharpe
stethoscope ['steθəskəʊp]	stéthoscope
stretcher ['stretʃə]	brancard
symptom ['sɪmptəm]	symptôme
thermometer [θə'mɒmɪtə]	thermomètre
tonsillitis [tɒnsɪ'laɪtɪs]	amygdalite
vomiting ['vɒmɪtɪŋ] (sg)	nausées, vomissements
ward [wɔːd]	salle d'hôpital
wheelchair ['wiːltʃeə]	fauteuil roulant
X-ray ['eksreɪ]	radio(graphie)

to hurt oneself se faire du mal
to break one's arm/leg se casser le bras/la jambe
to be in good health être bien portant *ou* en bonne santé
to have an operation se faire opérer
to recover se rétablir
to get better aller mieux
to faint s'évanouir
unconscious évanoui
to lose/regain consciousness perdre/reprendre connaissance
to lose weight maigrir
to put on weight grossir
to vomit, be sick vomir
to feel somebody's pulse prendre le pouls à quelqu'un
to rest, have a rest se reposer
painful douloureux; **swollen** enflé

***SICKNESS AND HEALTH

abscess ['æbses]	abcès
black eye ['blæk'aɪ]	œil au beurre noir
blister ['blɪstə]	ampoule
blood transfusion ['–træns'fju:ʒən]	transfusion sanguine
breathing ['bri:ðɪŋ]	respiration
chill [tʃɪl]	refroidissement
cotton wool ['kɒtən'wʊl]	coton hydrophile
cure [kjʊə]	remède
diet ['daɪət]	régime
dressing ['dresɪŋ]	pansement
epidemic [epɪ'demɪk]	épidémie
fever ['fi:və]	fièvre
fit [fɪt]	accès
germ [dʒɜ:m]	microbe
giddiness ['gɪdɪnɪs]	vertige
male nurse ['meɪl–]	infirmier
migraine ['mi:greɪn]	migraine
nose-bleed ['nəʊzbli:d]	saignement de nez
painkiller ['peɪnkɪlə]	calmant
plaster cast [–kɑ:st]	plâtre
recovery [rɪ'kʌvərɪ]	guérison
relapse [rɪ'læps]	rechute
remedy ['remɪdɪ]	remède
shock [ʃɒk]	choc
smallpox ['smɔ:lpɒks]	variole
sunstroke ['sʌnstrəʊk]	coup de soleil
surgery ['sɜ:dʒərɪ]	cabinet de consultation; chirurgie
sweat [swet]	sueur
tonic ['tɒnɪk]	fortifiant
typhoid ['taɪfɔɪd]	typhoïde
waiting room* ['weɪtɪŋru:m]	salon d'attente
whooping cough ['hu:pɪŋ–]	coqueluche
wound [wu:nd]	blessure

out of breath, breathless hors d'haleine
to have a nose-bleed saigner du nez
to moan, groan gémir
to suffer from souffrir de
the doctor on duty le médecin de service
the doctor looks after his patients le médecin soigne ses malades
to be cured être guéri
to cure guérir

*SPORTS

badminton ['bædmɪntən]	badminton
ball [bɔ:l]	balle; ballon; boule
basketball ['ba:skətbɔ:l]	basket(-ball)
bat* [bæt]	batte
billiards ['bɪljədz] (sg)	billard
bowls [bəʊlz] (sg)	boules
champion ['tʃæmpɪən]	champion(ne)
coach* [kəʊtʃ]	entraîneur
competition [kɒmpə'tɪʃən]	compétition
competitor [kəm'petɪtə]	concurrent(e)
course* [kɔ:s]	terrain (golf, hippisme)
cricket* ['krɪkɪt]	cricket
cup* [kʌp]	coupe
fishing ['fɪʃɪŋ]	pêche
fishing rod [–rɒd]	canne à pêche
football ['fʊtbɔ:l]	football; ballon
footballer ['fʊtbɔ:lə]	footballeur
game* [geɪm]	jeu; match; partie
goal [gəʊl]	but
goalkeeper ['–ki:pə]	gardien de but
golf [gɒlf]	golf
golf club ['–klʌb]	club de golf
golfer ['gɒlfə]	joueur(euse) de golf
ground* [graʊnd]	terrain
hockey ['hɒkɪ]	hockey
hockey stick [–stɪk]	crosse de hockey
ice rink ['aɪsrɪŋk]	patinoire
loser ['lu:zə]	perdant(e)
match* [mætʃ]	match
medal ['medəl]	médaille
netball ['netbɔ:l]	netball
opponent [ə'pəʊnənt]	adversaire

to play football/tennis jouer au football/au tennis
a tennis player un joueur de tennis
to score a goal marquer un but
to go fishing aller à la pêche
to go skiing faire du ski

*SPORTS (*ctd*)

pitch [pɪtʃ]	terrain (*football, hockey, etc*)
player ['pleɪə]	joueur(euse)
race* [reɪs]	course
racket ['rækɪt]	raquette
referee [refə'ri:]	arbitre (*football, rugby, boxe*)
result [rɪ'zʌlt]	résultat
rugby ['rʌgbɪ]	rugby
score [skɔ:]	score
skate [skeɪt]	patin
skater ['skeɪtə]	patineur(euse)
skating ['skeɪtɪŋ]	patinage
ski [ski:]	ski
skier ['ski:ə]	skieur(euse)
skiing ['ski:ɪŋ]	ski (*activité*)
spectator [spek'teɪtə]	spectateur(trice)
sport [spɔ:t]	sport
stadium ['steɪdɪəm]	stade
swimmer ['swɪmə]	nageur(euse)
swimming ['swɪmɪŋ]	natation
swimming pool [–pu:l]	piscine
team [ti:m]	équipe
tennis ['tenɪs]	tennis
tennis court [–kɔ:t]	court de tennis
tournament ['tʊənəmənt]	tournoi
track* [træk]	piste
trainer ['treɪnə]	entraîneur
umpire ['ʌmpaɪə]	arbitre (*tennis, cricket*)
volleyball ['vɒlɪbɔ:l]	volley-ball
winner ['wɪnə]	gagnant(e)

to take part in a competition prendre part à une compétition
to be in the lead être en tête
to win/lose a game gagner/perdre un jeu *etc*
to keep the score marquer les points

**SPORTS

athlete ['æθliːt]	athlète
athletics [æθ'letɪks] (*sg*)	athlétisme
beginner [bɪ'gɪnə]	débutant(e)
billiard ball ['bɪljəd–]	boule de billard
bowl* [bəʊl]	boule
boxer ['bɒksə]	boxeur
boxing ['bɒksɪŋ]	boxe
climber ['klaɪmə]	alpiniste
climbing ['klaɪmɪŋ]	alpinisme
cycling ['saɪklɪŋ]	cyclisme
cyclist ['saɪklɪst]	cycliste
defeat [dɪ'fiːt]	défaite
draw [drɔː]	match nul
field* [fiːld]	terrain (*football*, *rugby*)
final ['faɪnəl]	finale
finishing line ['fɪnɪʃɪŋ'laɪn]	ligne d'arrivée
first half ['fɜːst'hɑːf]	première mi-temps
goal post ['–pəʊst]	poteau de but
gym(nasium) [dʒɪm('neɪzɪəm)]	gymnase
gymnast ['dʒɪmnæst]	gymnaste
gym shoes ['–ʃuːz]	tennis (*chaussures*)
half-time ['hɑːf'taɪm]	mi-temps
heat* [hiːt]	éliminatoire
horse-racing ['hɔːs'reɪsɪŋ] (*sg*)	courses de chevaux
horse-riding [–'raɪdɪŋ]	équitation
jockey ['dʒɒkɪ]	jockey
kick [kɪk]	coup de pied
lap [læp]	tour (*m*)

to beat, defeat battre
to beat somebody 6–3 battre quelqu'un (par) 6 à 3
to beat somebody hollow battre quelqu'un à plate(s) couture(s)
they drew ils ont fait match nul
to cross the finishing line franchir la ligne d'arrivée
to jump sauter
to kick donner un coup de pied à

**SPORTS (ctd)

meeting* ['mi:tɪŋ]	réunion
mountaineer [maʊntə'nɪə]	alpiniste
mountaineering [–rɪŋ]	alpinisme
net [net]	filet
play* [pleɪ]	jeu
race course ['– –]	champ de courses
racing ['reɪsɪŋ] (sg)	courses
rider ['raɪdə]	cavalier(ère); jockey
round [raʊnd]	partie; round
running ['rʌnɪŋ]	course
sailing ['seɪlɪŋ]	voile
scrum [skrʌm]	mêlée
second half ['sekənd'hɑ:f]	seconde mi-temps
semi-final ['semɪ'faɪnəl]	demi-finale
service* ['sɜ:vɪs]	service
set [set]	set
squash [skwɒʃ]	squash
stand [stænd]	tribune
supporter [sə'pɔ:tə]	supporter
table tennis ['teɪbəl–]	ping-pong
tennis shoes [–ʃu:z]	tennis (chaussures)
training* ['treɪnɪŋ]	entraînement
walk* [wɔ:k]	épreuve de marche
water skiing ['wɔ:tə–]	ski nautique
win [wɪn]	victoire
winning post ['wɪnɪŋpəʊst]	poteau d'arrivée

to throw lancer
to run courir
to warm up s'échauffer
to train s'entraîner
professional professionnel; **amateur** amateur
the Olympic Games les Jeux olympiques
to play extra time jouer les prolongations
to finish first/last arriver premier/dernier
to go jogging faire du footing

***SPORTS

archery [ˈɑːtʃərɪ]	tir à l'arc
attack [əˈtæk]	attaque
boat race [ˈbəʊt–]	course à l'aviron
car rally [ˈkɑː–]	rallye automobile
championship [ˈtʃæmpɪənʃɪp]	championnat
cross-bar [ˈkrɒsbɑː]	barre transversale
defence [dɪˈfens]	défense
dive [daɪv]	plongeon
doubles [ˈdʌbləz] (*sg*)	double
extra time [ˈekstrəˈtaɪm]	prolongation
fencing [ˈfensɪŋ]	escrime
fox-hunting [ˈfɒkshʌntɪŋ]	chasse au renard
hang-gliding [ˈhæŋˈglaɪdɪŋ]	vol libre
high jump [ˈhaɪdʒʌmp]	saut en hauteur
hunting [ˈhʌntɪŋ]	chasse
javelin [ˈdʒævlɪn]	javelot
jogging [ˈdʒɒgɪŋ]	footing
judo [ˈdʒuːdəʊ]	judo
karate [kəˈrɑːtɪ]	karaté
long jump [ˈlɒŋdʒʌmp]	saut en longueur
pass* [pɑːs]	passe
race meeting [ˈ– –]	réunion de courses
rally [ˈrælɪ]	rallye
roller skate [ˈrəʊlə–]	patin à roulettes
rowing [ˈrəʊɪŋ]	aviron
shooting [ˈʃuːtɪŋ]	tir
singles [ˈsɪŋgəlz] (*sg*)	simple
sledge [sledʒ]	luge
snooker [ˈsnuːkə]	*sorte de jeu de billard*
stopwatch [ˈstɒpwɒtʃ]	chronomètre
timekeeper [ˈtaɪmkiːpə]	chronométreur
time trial [ˈtaɪmˈtraɪəl]	course contre la montre
title-holder [ˈtaɪtəlˈhəʊldə]	détenteur(trice) du titre
toboggan [təˈbɒgən]	toboggan
touch [tʌtʃ]	touche
tug-of-war [ˈtʌgəvˈwɔː]	tir à la corde
winter sports [ˈwɪntəˈspɔːts]	sports d'hiver
winter sports resort [– –rɪˈzɔːt]	station de sports d'hiver
world record [ˈwɜːldˈrekɔːd]	record mondial
wrestler [ˈreslə]	lutteur
wrestling [ˈreslɪŋ]	catch
yachting [ˈjɒtɪŋ]	yachting

ladies' singles simple dames; **men's doubles** double messieurs

*THE THEATRE

actor ['æktə]	acteur
actress ['æktrəs]	actrice
audience ['ɔ:dɪəns]	auditoire
box office ['bɒksɒfɪs]	guichet
character* ['kærəktə]	personnage
comedy ['kɒmədɪ]	comédie
costume ['kɒstju:m]	costume
curtain ['kɜ:tən]	rideau
entrance ['entrəns]	entrée
exit ['eksɪt]	sortie
foyer ['fɔɪeɪ]	foyer
house* [haʊs]	salle
lines [laɪnz] (pl)	texte
make-up ['meɪkʌp]	maquillage
music ['mju:zɪk]	musique
notice* ['nəʊtɪs]	affiche; critique (f)
orchestra ['ɔ:kəstrə]	orchestre
part* [pɑ:t]	rôle
performance [pə'fɔ:məns]	représentation
play* [pleɪ]	pièce (de théâtre)
poster ['pəʊstə]	affiche
programme* ['prəʊgræm]	programme
role [rəʊl]	rôle
scene [si:n]	scène
scenery* ['si:nərɪ]	décor
seat* [si:t]	place
show [ʃəʊ]	spectacle
stage* [steɪdʒ]	scène (estrade)
stalls [stɔ:lz] (pl)	orchestre, parterre
star* [stɑ:]	vedette
theatre ['θɪətə]	théâtre
ticket* ['tɪkɪt]	billet
tragedy ['trædʒədɪ]	tragédie
way out ['weɪ'aʊt]	sortie

the curtain rises and falls again le rideau se lève et retombe
to play the part of jouer le rôle de
a seat in the stalls un fauteuil d'orchestre
to learn one's lines by heart apprendre son texte par cœur
to go (or **come**) **onstage** entrer sur la scène
to leave the stage, go (or **come**) **offstage** sortir de scène
to get stage fright avoir le trac
to book seats réserver des places

**THE THEATRE

acting [ˈæktɪŋ]	jeu
applause [əˈplɔːz] (*sg*)	applaudissements
booking [ˈbʊkɪŋ]	réservation
booking office [–ˈɒfɪs]	bureau de location
box* [bɒks]	loge
cast [kɑːst]	distribution
circle* [ˈsɜːkəl]	corbeille
critic [ˈkrɪtɪk]	critique (*m*)
dramatic society [drəˈmætɪksəˈsaɪətɪ]	cercle dramatique
dress circle [ˈdres–]	balcon
farce [fɑːs]	farce
interval* [ˈɪntəvəl]	entr'acte
opera [ˈɒpərə]	opéra
platform* [ˈplætfɔːm]	estrade
producer [prəˈdjuːsə]	metteur en scène
production [prəˈdʌkʃən]	mise en scène
prompter [ˈprɒmptə]	souffleur(euse)
script [skrɪpt]	scénario
spotlight [ˈspɒtlaɪt]	projecteur
usherette [ʌʃəˈret]	ouvreuse

***THE THEATRE

cloakroom [ˈkləʊkruːm]	vestiaire
dramatist [ˈdræmətɪst]	dramaturge
dress rehearsal [ˈdres–]	répétition générale
footlights [ˈfʊtlaɪts] (*pl*)	rampe
the gods [gɒdz] (*pl*)	le poulailler
opera glasses [–ˈglɑːsəz]	jumelles de théâtre
orchestra pit [–ˈpɪt]	fosse d'orchestre
playwright [ˈpleɪraɪt]	dramaturge
plot [plɒt]	intrigue
rehearsal [rɪˈhɜːsəl]	répétition
review [rɪˈvjuː]	critique (*f*)
stage manager [–ˈmænɪdʒə]	régisseur
thriller* [ˈθrɪlə]	pièce à suspense
the wings [wɪŋz]	les coulisses

during the interval pendant l'entr'acte
the audience applaud l'auditoire applaudit
encore! bis!
the actors bow les acteurs saluent

★TIME

afternoon [ˈɑːftəˈnuːn]	après-midi
age★ [eɪdʒ]	âge; époque
century [ˈsentjʊrɪ]	siècle
date★ [deɪt]	date
day [deɪ]	jour; journée
evening [ˈiːvnɪŋ]	soir; soirée
fortnight [ˈfɔːtnaɪt]	quinzaine
half-hour [ˈhɑːfˈaʊə]	demi-heure
hour [ˈaʊə]	heure
midday [mɪdˈdeɪ]	midi
midnight [ˈmɪdnaɪt]	minuit
minute [ˈmɪnɪt]	minute
moment [ˈmaʊmənt]	moment
month [mʌnθ]	mois
morning [ˈmɔːnɪŋ]	matin; matinée
night [naɪt]	nuit
noon [nuːn]	midi
occasion [əˈkeɪʒən]	occasion
second [ˈsekənd]	seconde
time [taɪm]	heure; temps; fois
watch★ [wɒtʃ]	montre
week [wiːk]	semaine
weekend [–ˈend]	week-end
year [jɪə]	an, année
today [təˈdeɪ]	aujourd'hui
tomorrow [təˈmɒrəʊ]	demain
tonight [təˈnaɪt]	ce soir; cette nuit
yesterday [ˈjestədeɪ]	hier

tomorrow morning demain matin
yesterday evening hier soir
the day after tomorrow après-demain
the day before yesterday avant-hier
last night hier soir
last/next year l'année dernière/prochaine
the day before la veille; **the day after** le lendemain
the week before last l'avant-dernière semaine
the previous evening, the evening before la veille au soir
2 days ago il y a 2 jours; **2 days from now** d'ici 2 jours
half an hour later une demi-heure plus tard
a quarter of an hour un quart d'heure
what time is it? quelle heure est-il?
have you got the (right) time? avez-vous l'heure (exacte)?
it is 6 o'clock/10 past 6/10 to 6/half past 6 il est 6 heures/6 heures 10/6 heures
moins 10/6 heures et demie
(a) quarter to 3/past 3 3 heures moins le quart/et quart
it is 2 o'clock by my watch il est 2 heures à ma montre

★★TIME

alarm clock [ə'lɑːm–]	réveil
calendar ['kæləndə]	calendrier
clock★ [klɒk]	pendule; horloge
dawn [dɔːn]	aube
daybreak ['deɪbreɪk]	point du jour
dusk [dʌsk]	crépuscule
future ['fjuːtʃə]	avenir
nightfall ['naɪtfɔːl]	tombée de la nuit
past [pɑːst]	passé
present★ ['prezənt]	présent
sunrise ['sʌnraɪz]	lever du soleil
sunset ['sʌnset]	coucher du soleil
twilight ['twaɪlaɪt]	crépuscule

what day is it today? quel jour sommes-nous aujourd'hui?
what's the date? quelle est la date?
2 days earlier/later 2 jours plus tôt/plus tard
in 2 days en 2 jours
in 2 days(' time) dans 2 jours
once une fois; **twice** deux fois; **three times** trois fois
3 times a year 3 fois par an
every day/year tous les jours/ans
he is 22 years old il a 22 ans
from time to time de temps en temps
several times plusieurs fois
at the same time en même temps
at the moment en ce moment
at that (very) moment à ce moment-là
at this very instant or **minute** à l'instant (présent)
in the future à l'avenir
at present à présent, en ce moment
at dawn, at daybreak à l'aube, au point du jour
at nightfall à la tombée de la nuit
in the twentieth century au vingtième siècle
time passes le temps passe
to waste time perdre du temps
in the daytime le jour
at night-time la nuit

***TIME

cuckoo clock ['kʊku:'–]	pendule à coucou
decade ['dekeɪd]	décennie
epoch ['i:pɒk]	époque
era ['ɪərə]	ère; époque
face★ [feɪs]	cadran
grandfather clock ['grændfɑ:ðə'–]	horloge normande
hand★ [hænd]	aiguille
interval★ ['ɪntəvəl]	intervalle
leap year ['li:p–]	année bissextile
pendulum ['pendʒʊləm]	balancier
season ['si:zən]	saison
stopwatch ['stɒpwɒtʃ]	chronomètre
weekday ['wi:kdeɪ]	jour de semaine

these days, nowadays de nos jours
a short while ago tout à l'heure
now maintenant
in a little while, shortly tout à l'heure, bientôt
early tôt, de bonne heure; **late** tard
soon bientôt; **never** jamais
always toujours
you're late vous êtes en retard
on weekdays en semaine
this watch is slow/fast cette montre retarde/avance
to wind a watch remonter une montre
to put the clock forward/back avancer/retarder l'horloge
an evening class un cours du soir
a day off un jour de congé
dinner time l'heure du dîner
on Christmas Eve la veille de Noël
in time à temps
any minute now d'une minute à l'autre
9 times out of 10 9 fois sur 10
I don't have time to see you je n'ai pas le temps de vous voir
on a rainy day, one rainy day (par) un jour de pluie
he spends all his time working il passe tout son temps à travailler
to strike sonner; **to chime** sonner
the clock struck 3 la pendule a sonné 3 heures

★TOOLS

axe [æks]	hache
hammer ['hæmə]	marteau
knife [naɪf] (*pl* **knives** [naɪvz])	couteau
ladder ['lædə]	échelle
machine [mə'ʃiːn]	machine
nail★ [neɪl]	clou
paintbrush ['peɪntbrʌʃ]	pinceau
rope [rəʊp]	corde
saw [sɔː]	scie
scissors ['sɪzəz]	ciseaux
screwdriver ['skruːdraɪvə]	tournevis
spade★ [speɪd]	bêche
wire★ ['waɪə]	fil de fer

★★TOOLS

adhesive tape [əd'hiːsɪv'teɪp]	scotch
drawing pin ['drɔːɪŋ'pɪn]	punaise
glue [gluː]	colle
needle ['niːdəl]	aiguille
paper knife ['peɪpə–]	coupe-papier
penknife ['pennaɪf]	canif
plank [plæŋk]	planche
pliers ['plaɪəz]	pinces
screw [skruː]	vis
sellotape ['seləteɪp]	scotch
shovel ['ʃʌvəl]	pelle
spanner ['spænə]	clef anglaise
string★ [strɪŋ]	ficelle
thread [θred]	fil
tool [tuːl]	outil
toolbox ['–bɒks]	boîte à outils

to hammer in a nail enfoncer un clou (à coups de marteau)
to paint peindre; **to paper** tapisser
to climb a ladder monter sur une échelle
to mend *or* **repair something** réparer quelque chose

***TOOLS

barbed wire ['bɑ:bd–]	fil de fer barbelé
chisel ['tʃɪzəl]	ciseau
DIY ['di:aɪ'waɪ], **do-it-yourself** ['du:ɪtjə'self]	bricolage
drill [drɪl]	perceuse; foret
file [faɪl]	lime
fork★ [fɔ:k]	fourche
hacksaw ['hæksɔ:]	scie à métaux
handyman ['hændɪmæn]	bricoleur
hoe [həʊ]	houe, binette
lock★ [lɒk]	serrure
mallet ['mælət]	maillet
padlock ['pædlɒk]	cadenas
pick(axe) ['pɪk(æks)]	pic, pioche
plane★ [pleɪn]	rabot
pneumatic drill [njʊ'mætɪk'–]	marteau-piqueur
rake [reɪk]	râteau
scaffolding ['skæfəldɪŋ]	échafaudage
scythe [saɪð]	faux
spirit level ['spɪrɪt'levəl]	niveau à bulles
spring★ [sprɪŋ]	ressort
stepladder ['steplædə]	escabeau
trowel★ ['traʊəl]	truelle; déplantoir
vice [vaɪs]	étau
workshop ['wɜ:kʃɒp]	atelier

to build construire; **to make** faire
to dismantle démonter
to saw a plank in two scier une planche en deux

★THE TOWN

avenue [ˈævənjuː]	boulevard
block of flats [ˈblɒkəvˈflæts]	grand immeuble
building [ˈbɪldɪŋ]	bâtiment
bus [bʌs]	autobus
bus stop [ˈ–stɒp]	arrêt d'autobus
café [ˈkæfeɪ]	café
car [kɑː]	voiture
car park [ˈ– –]	parking
cathedral [kəˈθiːdrəl]	cathédrale
church [tʃɜːtʃ]	église
cinema [ˈsɪnəmə]	cinéma
city [ˈsɪtɪ]	grande ville
corner [ˈkɔːnə]	coin
crowd [kraʊd]	foule
factory [ˈfæktrɪ]	usine
garage [ˈgærɑːʒ]	garage
high street [ˈhaɪ–]	grand-rue
hospital [ˈhɒspɪtəl]	hôpital
hotel [həʊˈtel]	hôtel
inhabitant [ɪnˈhæbɪtənt]	habitant(e)
library [ˈlaɪbrərɪ]	bibliothèque
lorry [ˈlɒrɪ]	camion
main road [ˈmeɪnˈ–]	grand-route
main street	grand-rue
market [ˈmɑːkɪt]	marché
motorist [ˈməʊtərɪst]	automobiliste
notice★ [ˈnəʊtɪs]	affiche
outskirts [ˈaʊtskɜːts]	environs
park [pɑːk]	jardin public
passer-by [ˈpɑːsəˈbaɪ] (*pl* **passers-by** [ˈ–zˈbaɪ])	passant(e)
pavement [ˈpeɪvmənt]	trottoir

in town en ville
to go into town aller en ville

*THE TOWN (*ctd*)

pedestrian [pɪˈdestrɪən]	piéton
pedestrian crossing [–ˈkrɒsɪŋ]	passage clouté
petrol station [ˈpetrəl–]	station-service
police [pəˈliːs]	police
policeman [–mən]	agent de police
police station	commissariat de police
population [pɒpjʊˈleɪʃən]	population
poster [ˈpəʊstə]	affiche
post office [ˈpəʊstɒfɪs]	bureau de poste
queue [kjuː]	queue
restaurant [ˈrestrãːŋ]	restaurant
road* [rəʊd]	rue
roadsign [ˈ–saɪn]	panneau (de signalisation)
roadway [ˈ–weɪ]	chaussée
shop [ʃɒp]	magasin
square [skweə]	place
station [ˈsteɪʃən]	gare
street [striːt]	rue
surroundings [səˈraʊndɪŋz]	environs
taxi [ˈtæksɪ]	taxi
theatre [ˈθɪətə]	théâtre
tower [ˈtaʊə]	tour (*f*)
town [taʊn]	ville
town centre [ˈ–ˈsentə]	centre-ville
town hall [–ˈhɔːl]	mairie
traffic [ˈtræfɪk]	circulation
traffic jam [–ˈdʒæm]	embouteillage
train [treɪn]	train
truck [trʌk]	camion
underground [ˈʌndəgraʊnd]	métro

a one-way street une rue à sens unique
to cross the street traverser la rue

**THE TOWN

art gallery [ˈɑːtˈgælərɪ]	musée; galerie d'art
bus station [ˈ– –]	gare d'autobus
castle [ˈkɑːsəl]	château
citizen [ˈsɪtɪzən]	citoyen(ne)
coach station [ˈkəʊtʃ–]	gare routière
council flat [ˈkaʊnsɪlˈflæt]	HLM
crossroads [ˈkrɒsrəʊdz] (sg)	carrefour
district [ˈdɪstrɪkt]	arrondissement
fire station [ˈfaɪə–]	caserne de pompiers
market day [–ˈdeɪ]	jour de marché
mayor [meə]	maire
monument [ˈmɒnjʊmənt]	monument
museum [mjʊˈziːəm]	musée
parade [pəˈreɪd]	défilé
parking [ˈpɑːkɪŋ]	stationnement
pedestrian precinct [–ˈpriːsɪŋkt]	zone piétonnière
procession [prəˈseʃən]	défilé
public park [ˈpʌblɪk–]	jardin public
service station [ˈsɜːvɪs–]	station-service
shopping centre [ˈʃɒpɪŋˈsentə]	centre commercial
skyscraper [ˈskaɪˈskreɪpə]	gratte-ciel
spire [ˈspaɪə]	flèche
statue [ˈstætʃuː]	statue
suburb [ˈsʌbɜːb]	faubourg
suburbs [–z] (pl)	banlieue
taxi rank [–ˈræŋk]	station de taxis
tour [ˈtʊə]	tour (m)
tourist information office [ˈtʊərɪstɪnfəˈmeɪʃənˈɒfɪs]	syndicat d'initiative
vehicle [ˈvɪəkəl]	véhicule

***THE TOWN

air pollution ['eəpə'lu:ʃən]	pollution de l'air
bend [bend]	virage
built-up area ['bɪltʌp'eəriə]	agglomération
bus shelter ['–'ʃeltə]	abribus
bustle ['bʌsəl]	bousculade
bypass ['baɪpɑ:s]	rocade
cemetery ['semətrɪ]	cimetière
cobblestones ['kɒbəl'stəʊnz]	pavés
county ['kaʊntɪ]	comté
crush [krʌʃ]	bousculade
cycle path ['saɪkəl'pɑ:θ]	piste cyclable
dead end [ded'end]	impasse
delivery van [dɪ'lɪvərɪ'væn]	camionnette de livraison
double decker ['dʌbəl'dekə]	autobus à l'impériale
graveyard ['greɪvjɑ:d]	cimetière
housing estate ['haʊzɪŋɪ'steɪt]	lotissement
opinion poll [ə'pɪnjən'pəʊl]	sondage d'opinion
paving stone ['peɪvɪŋ'stəʊn]	pavé
prison ['prɪzən]	prison
ring road ['rɪŋ–]	périphérique
sewer ['su:ə]	égout
sights [saɪts]	curiosités
single decker ['sɪŋgəl–]	autobus sans impériale
street lamp ['stri:tlæmp]	réverbère
town council	conseil municipal
town dweller ['–dwelə]	citadin(e)
traffic island [–'aɪlənd]	refuge
turning ['tɜ:nɪŋ]	tournant

*TREES

beech (tree) ['biːtʃ–]	hêtre
branch* [brɑːntʃ]	branche
fir (tree) ['fɜː–]	sapin
forest ['fɒrəst]	forêt
leaf [liːf] (*pl* **leaves** [liːvz])	feuille
oak (tree) ['əʊk–]	chêne
tree [triː]	arbre
trunk* [trʌŋk]	tronc
wood [wʊd]	bois

**TREES

bud* [bʌd]	bourgeon
chestnut tree ['tʃesnʌt–]	châtaignier
elm [elm]	orme
fruit tree ['fruːt–]	arbre fruitier
log [lɒg]	bûche
orchard ['ɔːtʃəd]	verger
pine (tree) ['paɪn–]	pin
root [ruːt]	racine

***TREES

acorn ['eɪkɔːn]	gland
ash (tree) ['æʃ–]	frêne
bark [bɑːk]	écorce
berry ['berɪ]	baie
birch (tree) ['bɜːtʃ–]	bouleau
box tree ['bɒks–]	buis
copper beech ['kɒpə–]	hêtre rouge
foliage ['fəʊlɪɪdʒ]	feuillage
hawthorn ['hɔːθɔːn]	aubépine
holly ['hɒlɪ]	houx
horse chestnut (tree) ['hɔːs – –]	marronnier
maple ['meɪpəl]	érable
palm* (tree) ['pɑːm–]	palmier
pine cone [–'kəʊn]	pomme de pin
plane tree ['pleɪn–]	platane
poplar ['pɒplə]	peuplier
treetop ['triːtɒp]	cime d'un arbre
twig [twɪg]	brindille
willow ['wɪləʊ]	saule
yew (tree) ['juː–]	if

a Christmas tree un arbre de Noël
to climb a tree grimper sur un arbre
to fell a tree couper *ou* abattre un arbre
a tree house une cabane construite dans un arbre

*VEGETABLES

bean [biːn]	haricot
cabbage [ˈkæbɪdʒ]	chou
carrot [ˈkærət]	carotte
cauliflower [ˈkɒlɪflaʊə]	chou-fleur
French bean [ˈfrentʃ–]	haricot vert
garden peas [ˈgɑːdən'–]	petits pois
leek [liːk]	poireau
onion [ˈʌnjən]	oignon
peas [piːz]	petits pois
potato [pəˈteɪtəʊ] (*pl* –es [–z])	pomme de terre
tomato [təˈmɑːtəʊ] (*pl* –es [–z])	tomate
turnip [ˈtɜːnɪp]	navet
vegetables [ˈvedʒtəbəlz]	légumes

**VEGETABLES

broccoli [ˈbrɒkəlɪ]	brocoli
Brussels sprout [ˈbrʌsəlz'spraʊt]	chou de Bruxelles
cucumber [ˈkjuːkʌmbə]	concombre
lettuce [ˈletəs]	laitue
mushroom [ˈmʌʃruːm]	champignon

***VEGETABLES

artichoke [ˈɑːtɪtʃəʊk]	artichaut
asparagus [əˈspærəgəs] (*sg*)	asperges
aubergine [ˈəʊbəʒiːn]	aubergine
beetroot [ˈbiːtruːt]	betterave
celery [ˈselərɪ]	céleri
chicory [ˈtʃɪkərɪ]	endive
corn on the cob [ˈkɔːnɒnðəˈkɒb]	épi de maïs
courgette [kʊəˈʒet]	courgette
cress [kres]	cresson
endive [ˈendaɪv]	chicorée
garlic [ˈgɑːlɪk]	ail
green pepper [ˈgriːn–]	poivron vert
marrow [ˈmærəʊ]	courge
parsley [ˈpɑːslɪ]	persil
parsnip [ˈpɑːsnɪp]	panais
pepper* [ˈpepə]	poivron
radish [ˈrædɪʃ]	radis
red pepper [ˈred–]	poivron rouge
salad [ˈsaeləd]	salade
salad dressing [–ˈdresɪŋ]	vinaigrette
spinach [ˈspɪnɪdʒ] (*sg*)	épinards

potatoes sprinkled with parsley pommes de terre persillées
grated carrots carottes râpées; **to toss the salad** brasser la salade

*VEHICLES

ambulance ['æmbjʊləns]	ambulance
bicycle ['baisıkəl]	bicyclette
bike [baik]	vélo
boat [bəʊt]	bateau
bus [bʌs]	autobus
car [kɑ:]	voiture
caravan ['kærəvæn]	caravane
coach* [kəʊtʃ]	autocar
fire engine ['faiə'endʒın]	voiture de pompiers
helicopter ['helıkɒptə]	hélicoptère
hovercraft ['hɒvəkrɑ:ft]	aéroglisseur
jet (plane) ['dʒet–]	avion à réaction
lorry ['lɒrı]	camion
moped ['məʊped]	mobylette
motorbike ['məʊtəbaık]	moto
motorcycle ['məʊtə'saıkəl]	motocyclette
plane* [pleın]	avion
scooter ['sku:tə]	scooter
ship [ʃıp]	bateau; navire
taxi ['tæksı]	taxi
train [treın]	train
truck [trʌk]	camion
van [væn]	camionnette
vehicle ['vıəkəl]	véhicule

to drive, go by car aller en voiture

to be able to drive (savoir) conduire

to go cycling faire de la bicyclette

to cycle to town aller en ville en bicyclette

to go caravanning faire du caravaning

to go for a drive faire une promenade en voiture

it's about an hour's drive from London c'est à environ une heure de voiture de Londres

to travel voyager

to go on a journey to faire un voyage à

he went to Paris by air, he flew to Paris il est allé à Paris en avion

to go by boat, sail aller en bateau

to travel by train *or* **rail** voyager par le train

to take the bus/train prendre le bus/le train

to be on a bike être à vélo

to come by bike venir à vélo

call an ambulance! appelez l'ambulance!

**VEHICLES

aircraft ['eəkrɑːft] *(pl inv)*	avion
articulated lorry [ɑːˈtɪkjʊleɪtəd–]	semi-remorque
bulldozer ['bʊldəʊzə]	bulldozer
cable-car ['keɪbəlkɑː]	téléphérique
canoe [kəˈnuː]	canoë
car ferry ['– –]	ferry(-boat); bac
cart [kɑːt]	charrette
chairlift ['tʃeəlɪft]	télésiège
delivery van [dɪˈlɪvərɪ–]	camionnette de livraison
dinghy ['dɪŋɪ]	youyou; canot pneumatique
ferry(-boat) ['ferɪ(bəʊt)]	ferry(-boat); bac
furniture van ['fɜːnɪtʃə'–]	camion de déménagement
lifeboat ['laɪfbəʊt]	canot de sauvetage
liner ['laɪnə]	paquebot
minibus ['mɪnɪbʌs]	minibus
motorboat ['məʊtəbəʊt]	bateau à moteur
pram [præm]	voiture d'enfant
racing car ['reɪsɪŋ–]	voiture de course
rocket ['rɒkɪt]	fusée
rowing boat ['rəʊɪŋ–]	bateau à rames
sailing boat ['seɪlɪŋ–]	voilier; bateau à voiles
sports car ['spɔːts–]	voiture de sport
steamer ['stiːmə]	vapeur
submarine [sʌbməˈriːn]	sous-marin
tractor ['træktə]	tracteur
trailer ['treɪlə]	remorque
tram [træm]	tramway
transport ['trænspɔːt] *(sg)*	transports
vessel ['vesəl]	vaisseau
yacht [jɒt]	yacht

to go boating faire du bateau
to go canoeing faire du canoë
means of transport les moyens de transports
public transport les transports en commun
a rented *or* **hired car** une voiture louée

***VEHICLES

aircraft carrier [–'kærɪə]	porte-avions
airship ['eəʃɪp]	dirigeable
balloon [bə'lu:n]	ballon
barge [bɑ:dʒ]	péniche
Black Maria ['blækmə'raɪə]	panier à salade
convertible [kən'vɜ:təbəl]	voiture décapotable
engine* ['endʒɪn]	locomotive
estate car [ɪ'steɪt–]	break
flying saucer ['flaɪɪŋ'sɔ:sə]	soucoupe volante
funicular (railway) [fə'nɪkjʊlə('reɪlweɪ)]	funiculaire
glider ['glaɪdə]	planeur
hatchback ['hætʃbæk]	modèle avec hayon arrière
jeep [dʒi:p]	jeep
juggernaut ['dʒʌgənɔ:t]	mastodonte
locomotive ['ləʊkə'məʊtɪv]	locomotive
minicab ['mɪnɪkæb]	minitaxi
oil tanker ['ɔɪl–]	pétrolier
panda car ['pændə–]	voiture pie
passenger steamer ['pæsɪndʒə–]	paquebot
removal van [rɪ'mu:vəl'–]	camion de déménagement
seaplane ['si:pleɪn]	hydravion
spaceship ['speɪsʃɪp]	engin spatial
speedboat ['spi:dbəʊt]	vedette
tank [tæŋk]	char (d'assaut)
tanker ['tæŋkə]	camion-citerne
tug [tʌg]	remorqueur
tugboat ['tʌgbəʊt]	remorqueur

to launch a rocket/a ship lancer une fusée/un navire
to go on a cruise partir en croisière
to go sailing faire du bateau
to go up in a balloon monter en ballon

*THE WEATHER

air [eə]	air
cloud [klaʊd]	nuage
cold* [kəʊld]	froid
fog [fɒg]	brouillard
heat* [hi:t]	chaleur
ice [aɪs]	glace
lightning ['laɪtnɪŋ]	éclair; foudre
moon [mu:n]	lune
puddle ['pʌdəl]	flaque d'eau
rain [reɪn]	pluie
rainbow ['–bəʊ]	arc-en-ciel
season ['si:zən]	saison
sky [skaɪ]	ciel
snow [snəʊ]	neige
storm [stɔ:m]	tempête
sun [sʌn]	soleil
sunshine ['–ʃaɪn]	(lumière du) soleil
temperature ['temprətʃə]	température
thunder ['θʌndə]	tonnerre
thunderstorm	orage
umbrella [ʌm'brelə]	parapluie
weather ['weðə]	temps
wind [wɪnd]	vent

what's the weather like? quel temps fait-il?
it's hot/cold il fait chaud/froid
it's a lovely day il fait beau
it's a horrible day il fait mauvais
it's cool il fait frais
it's sunny/windy il fait du soleil/du vent
it's foggy il fait du brouillard
it's raining il pleut
it's snowing il neige
to rain heavily pleuvoir à torrents
it's pouring (with rain) il pleut à verse
the sun is shining le soleil brille
the wind is blowing le vent souffle
in the sunshine au soleil
a ray of sunshine un rayon de soleil
a flash of lightning un éclair
a gust of wind un coup de vent
a peal or **clap of thunder** un coup de tonnerre
there were flashes of lightning il y avait des éclairs
there is thunder in the air le temps est à l'orage
at sunrise/sunset au coucher/au lever du soleil
the sun rises/sets le soleil se lève/se couche

**THE WEATHER

atmosphere ['ætməsfɪə]	atmosphère
barometer [bə'rɒmətə]	baromètre
breeze [bri:z]	brise
climate ['klaɪmɪt]	climat
frost [frɒst]	gel
gale [geɪl]	coup de vent (*très fort*)
hail [heɪl]	grêle
mist [mɪst]	brume
parasol ['pærəsɒl]	parasol
raincoat ['reɪnkəʊt]	imperméable
shower* ['ʃaʊə]	averse
sleet [sli:t]	neige fondue (*qui tombe*)
slush [slʌʃ]	neige fondue (*par terre*)
snowfall ['snəʊfɔ:l]	chute de neige
snowstorm ['snəʊstɔ:m]	tempête de neige
sunglasses ['sʌnglɑ:səz]	lunettes de soleil
thunderclap ['θʌndəklæp]	coup de tonnerre
weather forecast [–'fɔ:kɑ:st] (*sg*)	prévisions météorologiques
weather report [–rɪ'pɔ:t]	bulletin météorologique

in the open air en plein air
wet pluvieux; **dry** sans pluie
humid humide; **damp** humide
thundery orageux
harsh rude; **mild** doux
to get wet se mouiller
soaked to the skin trempé jusqu'aux os
the thunder rumbles le tonnerre gronde
London in the snow Londres sous la neige
to go out in all weathers sortir par tous les temps
in wet weather par temps pluvieux
to get one's feet wet se mouiller les pieds
to freeze to death mourir de froid
to be frozen stiff être gelé jusqu'aux os

***THE WEATHER

black ice ['blæk'–]	verglas
bright period ['braɪt'pɪərɪəd]	éclaircie
deluge ['delju:dʒ]	déluge
depression [dɪ'preʃən]	dépression
dew [dju:]	rosée
downpour ['daʊnpɔ:]	déluge
flurry (of snow) ['flʌrɪ–]	bourrasque de neige
freezing point ['fri:zɪŋ'pɔɪnt]	zéro degré
hailstorm ['heɪlstɔ:m]	averse de grêle
hailstone ['heɪlstəʊn]	grêlon
heatwave ['hi:tweɪv]	vague de chaleur
hurricane ['hʌrɪkən]	ouragan
icicle ['aɪsɪkəl]	glaçon
lightning conductor [–kən'dʌktə]	paratonnerre
raindrop ['reɪndrɒp]	goutte de pluie
rainfall ['–fɔ:l] (*sg*)	(hauteur de) précipitations
snowdrift ['snəʊdrɪft]	congère
snowflake ['–fleɪk]	flocon de neige
snowplough ['–plaʊ]	chasse-neige
squall [skwɔ:l]	rafale
thaw [θɔ:]	dégel

the sky is cloudy/overcast le ciel est nuageux/couvert
in the shade à l'ombre
it's freezing ça gèle
it's thawing ça dégèle
to melt fondre
I'm freezing *or* **frozen** je suis gelé
my hands are freezing *or* **frozen** j'ai les mains gelées
a snowman un bonhomme de neige
a snowball une boule de neige
struck by lightning frappé par la foudre

*THE WORLD

area ['eərɪə]	région
coast [kəʊst]	côte
country* ['kʌntrɪ]	pays
desert ['dezət]	désert
earth* [ɜ:θ]	terre
forest ['fɒrəst]	forêt
hill* [hɪl]	colline
island ['aɪlənd]	île
map [mæp]	carte
moon [mu:n]	lune
mountain ['maʊntən]	montagne
ocean ['əʊʃən]	océan
planet ['plænət]	planète
population [pɒpjʊ'leɪʃən]	population
region ['ri:dʒən]	région
river ['rɪvə]	rivière; fleuve
sea [si:]	mer
star* [sta:]	étoile
valley ['vælɪ]	vallée
world [wɜ:ld]	monde

east [i:st]	est
north [nɔ:θ]	nord
south [saʊθ]	sud
west [west]	ouest

**THE WORLD

border* ['bɔ:də]	frontière
canal [kə'næl]	canal
continent ['kɒntɪnənt]	continent
earthquake ['–kweɪk]	tremblement de terre
mountain range [–'reɪndʒ]	chaîne de montagnes
pass* [pa:s]	col
plain [pleɪn]	plaine
plateau ['plætəʊ]	plateau
universe ['ju:nɪvɜ:s]	univers
volcano [vɒl'keɪnəʊ]	volcan

north-east nord-est; **north-west** nord-ouest
south-east sud-est; **south-west** sud-ouest
eastern de l'est; **western** de l'ouest
northern ['nɔ:ðən] du nord; **southern** ['sʌðən] du sud

***THE WORLD

capital* ['kæpɪtəl]	capitale
county ['kaʊntɪ]	comté
equator [ɪ'kweɪtə]	équateur
foreigner ['fɒrɪnə]	étranger(ère)
frontier [frʌn'tɪə]	frontière
globe [gləʊb]	globe
nation ['neɪʃən]	nation
nationality [næʃ'nælɪtɪ]	nationalité
peak [pi:k]	pic
peninsula [pə'nɪnsjʊlə]	péninsule
people* ['pi:pəl] (sg)	peuple
province ['prɒvɪns]	province
race* [reɪs]	race
summit ['sʌmɪt]	sommet
tropics ['trɒpɪks]	tropiques
zone [zəʊn]	zone

to go round the world faire le tour du monde

far-off countries des pays lointains

over the border de l'autre côté de la frontière

which country do you come from? de quel pays venez-vous?

abroad à l'étranger

one's native country sa patrie

provincial de province

to spend the winter in the mountains/in the country/in town passer l'hiver à la montagne/à la campagne/en ville

frontier or **border town** ville frontière

Les éléments de vocabulaire des pages 149 à 171 ont été groupés sous les diverses parties du discours plutôt que sous des thèmes car leur champ d'application est très vaste.

CONJUNCTIONS

and et
as comme; en tant que
as . . . as aussi . . . que
as long as pourvu que
as soon as aussitôt que
because parce que
before avant de; avant que
but mais
either . . . or ou . . . ou
for car
however pourtant
if si
just as au moment où
neither . . . nor ni . . . ni
now (that) maintenant que
or ou

otherwise sinon
provided that pourvu que
seeing that vu que
since depuis que; puisque
so donc
so long as pourvu que
that que
that is to say c'est-à-dire
then alors
till, until jusqu'à ce que
whereas alors que
when quand; alors que
while, whilst pendant que; tant que; bien que; alors que
why pourquoi

PERSONAL PRONOUNS

I	je	**me**	me; moi	**myself**	me; moi-même
you (*sg*)	tu	**you**	te; toi	**yourself**	te; toi-même
he	il	**him**	le; lui	**himself**	se; lui-même
she	elle	**her**	la; lui; elle	**herself**	se; elle-même
it	il/elle	**it**	le/la; lui	**itself**	se; lui/elle-même
we	nous	**us**	nous	**ourselves**	nous; nous-mêmes
you (*pl*)	vous	**you**	vous	**yourselves**	vous; vous-mêmes
they	ils/elles	**them**	les; leur; eux/elles	**themselves**	se; eux/elles-mêmes

ADJECTIVES

abnormal anormal
absent-minded distrait
absurd absurde
accustomed habituel
active actif
acute aigu; pénétrant
admirable admirable
advanced avancé
aerial aérien
affectionate affectueux
agricultural agricole
air-conditioned climatisé
alive vivant
all tout
alone seul
amusing amusant
angry fâché
annoyed mécontent, contrarié
annoying agaçant, ennuyeux
annual annuel
anonymous anonyme
anxious inquiet
any n'importe quel
astonished étonné
astonishing étonnant
automatic automatique
average moyen
awake éveillé
awful affreux
back de derrière
bad mauvais; vilain
bearable supportable
bearded barbu
beautiful beau
best meilleur (*valeur superlative*)
better meilleur
big grand; gros
bitter amer; cinglant
boiling bouillant
boring ennuyeux
born né
bothered ennuyé
brief bref
bright brillant; intelligent
broad large
brutal brutal
busy occupé; animé
called nommé

calm calme
capable capable
carefree insouciant
cautious prudent
certain certain
cheap bon marché; de mauvaise qualité
cheeky effronté
cheerful gai
childish puéril
childlike enfantin
civil civil
classical classique
clean propre
clear clair; libre; net
clever intelligent; habile; ingénieux
close proche
clumsy gauche, maladroit
cold froid
comfortable confortable
complete complet
complicated compliqué
comprising composé de
compulsory obligatoire
contemporary contemporain
continual continuel
convenient commode
cooked cuit
cool frais; calme
correct correct
courageous courageux
covered with couvert de
cowardly lâche
crowded bondé
cruel cruel
cultural culturel
cunning rusé
curious curieux
dangerous dangereux
dark sombre; foncé
dead mort
dear cher
decorated (with) orné (de)
deep profond
delicate délicat
delicious délicieux
delighted ravi

delightful charmant
deserted désert
desperate désespéré
destroyed détruit
different différent
difficult difficile
dilapidated délabré
diligent appliqué
dim faible (*lumière*)
direct direct
dirty sale
disappointed déçu
disappointing décevant
discouraged découragé
disgusted dégoûté
dishonest malhonnête
distinct distinct
distinguished distingué
divided divisé
divine divin
dreadful épouvantable
drowned noyé
dry sec
dull ennuyeux; terne
each chaque
easy facile
elaborate compliqué
elder aîné
eldest aîné (*le plus âgé*)
electric électrique
elementary élémentaire
empty vide
endless interminable
engaged occupé; fiancé
enjoyable agréable
enormous énorme
enough assez de
entertaining divertissant
equal égal
even égal, uni; pair
every chaque
evident évident
exact exact
excellent excellent
exciting passionnant
exclusive sélect; exclusif
exhausted épuisé
expensive cher (*coûteux*)
experienced expérimenté

exquisite exquis
extra supplémentaire
extraordinary extraordinaire
fair juste; blond
false faux
famous célèbre
fast rapide
fat gros
favourite favori
fierce féroce
final final
fine beau
firm ferme
first premier
flat plat; dégonflé
flooded inondé
floodlit illuminé
followed by suivi de
foreign étranger
former ancien (*précédent*)
fortunate heureux (*chanceux*)
foul infect
founded fondé
fragile fragile
frail fragile
free libre; gratuit
frequent fréquent
fresh frais
frightened effrayé
frightful affreux
front de devant
full (of) plein (de)
funny amusant; curieux
furious furieux
fussy tatillon
future futur
general général
generous généreux
gentle doux
genuine véritable; sincère
ghastly horrible
golden en or; doré
good bon; sage
graceful gracieux
grateful reconnaissant
great grand
handy pratique
happy heureux
hard dur

harsh dur
heavy lourd
helpful serviable
helpless impuissant; faible
hideous hideux
high haut; grand
historic(al) historique
honest honnête
horrible horrible
horrid méchant, désagréable
hot (très) chaud
huge énorme
humorous humoristique
identical identique
ill malade
illustrated illustré
imaginary imaginaire
immense immense
important important
impossible impossible
impressive impressionnant
incapable (of) incapable (de)
incredible incroyable
indispensable indispensable
industrial industriel
inflatable pneumatique
injured blessé
intact intact
intelligent intelligent
interesting intéressant
interrupted interrompu
isolated isolé
jealous jaloux
just juste
keen plein d'enthousiasme
kind gentil
large grand; gros
last dernier
latest tout dernier
lazy paresseux
least le moins de; le moindre
left gauche
light clair; léger
likeable sympathique
lined with bordé de
little petit
loaded with chargé de
local local
lonely seul, solitaire

long long
low bas
lucky heureux (*chanceux*)
luxurious luxueux
lying (down) couché
mad fou
magnificent magnifique
many beaucoup de
marked marqué
marvellous merveilleux
masked masqué
mechanical mécanique
medical médical
merry gai
military militaire
modern moderne
mountainous montagneux
moved ému
moving en mouvement; émouvant
much beaucoup de
multicoloured multicolore
municipal municipal
muscular musculaire
musical musical
mysterious mystérieux
narrow étroit
national national
native natal; indigène
naughty méchant
nearby proche
neat bien rangé; soigné
necessary nécessaire
neighbouring voisin
nervous nerveux
new nouveau; neuf
next voisin; prochain; suivant
nice agréable; gentil
nicknamed surnommé
no pas de, aucun
noisy bruyant
normal normal
numerous nombreux
obvious évident
odd bizarre; impair
official officiel
old vieux; ancien
only unique, seul
open ouvert

ordinary ordinaire
original original
other autre
outraged outré
own propre (*possessif*)
painful douloureux; pénible
pale pâle; blême
particular particulier
passionate passionné
pathetic pitoyable; pathétique
patient patient
peaceful paisible
peculiar bizarre; particulier
perfect parfait
perpetual perpétuel
personal personnel; individuel
piercing perçant; aigu
plain clair, évident; normal
pleasant agréable
pointed pointu
polite poli
poor pauvre
popular populaire; à la mode
portable portatif
possible possible
powdery poudreux
practical pratique
precise précis
preliminary préliminaire
present présent
presentable présentable
pretty joli
previous précédent; antérieur
primary primaire; premier
private privé
privileged privilégié
prohibited interdit
proud fier; orgueilleux
provided with muni de
public public
quick rapide
quiet tranquille
rapid rapide
rare rare
ready prêt
real vrai
recent récent
refreshing rafraîchissant
religious religieux

reserved réservé
responsible (for) responsable (de)
restless agité
rich riche; somptueux
ridiculous ridicule
right juste; bon; convenable; bien; droit
ripe mûr
romantic romantique
round rond
rude impoli; grossier
rusty rouillé
sad triste
safe and sound sain et sauf
same même
sanitary sanitaire
satisfied (with) satisfait (de)
school scolaire
seated assis
second deuxième, second
secondary secondaire
secret secret
sensational sensationnel
serious sérieux; grave
several plusieurs
severe sévère
shady ombragé; louche
sharp tranchant; aigu; vif
shining brillant
shiny brillant
shocking choquant; épouvantable
short court; petit
shortened abrégé
shy timide
silly bête
similar pareil
simple simple
sincere sincère
single unique; célibataire; simple
sinister sinistre
sitting assis
situated situé
skilful habile
slender mince; fin
slim mince
slow lent
small petit

smart élégant; intelligent
smiling souriant
soaked trempé
soft doux; mou
solemn solennel; sérieux
some quelques; certains
special spécial
square carré
standing (up) debout
straight droit, raide
strange inconnu; étrange
stretched out étendu
strict strict
striking frappant
strong fort; vif
stupid stupide
such tel, pareil
suitable convenable; approprié
sunburnt bronzé
sure sûr
surprising étonnant
suspicious soupçonneux; suspect
sweet doux; sucré
tall grand; haut
tame apprivoisé
technical technique
terrible terrible; épouvantable
theatrical théâtral
thick épais; dense
thin mince; maigre; fin
tight tendu; étroit
tiny minuscule
tired fatigué
tiring fatigant
too many trop de
too much trop de
traditional traditionnel
tremendous énorme; formidable
true vrai; exact; fidèle
typical typique
ugly laid
umpteen je ne sais combien de
unbearable insupportable

unbelievable incroyable
uncivilized barbare
uncommunicative peu
    communicatif
unconcerned peu soucieux
underwater sous-marin
unexpected inattendu
unforeseen imprévu
unfortunate malheureux;
    malencontreux
unhappy triste
unique unique
unknown inconnu
unpleasant déplaisant
unrecognised méconnu
unrepentant impénitent
urban urbain
urgent urgent
useful utile
useless inutile
usual habituel
vacant vacant; libre; disponible
varied varié
various divers; plusieurs
vast vaste; énorme
violent violent
vivid frappant; vif
warm chaud; chaleureux
welcome bienvenu
well lit bien éclairé
wet mouillé; humide; trempé
what quel
whole entier; intact
wide large; vaste
wild sauvage
wise sage
worried inquiet
worthy digne; louable
wretched misérable; maudit
wrong faux; mauvais; mal;
    injuste
young jeune

ADVERBS AND PREPOSITIONS

about au sujet de; environ; çà et là

above au-dessus (de)

abroad à l'étranger

abruptly brusquement

absolutely absolument

absurdly absurdement

accidentally accidentellement

according to selon, d'après

across de l'autre côté (de); en travers (de)

actually réellement; même; en fait

in addition to en plus de

admirably admirablement

in advance en avance

after après

afterwards après (*adverbe*)

again de nouveau

against contre

ago: 3 days ago il y a 3 jours

ahead en avant, devant

ahead of devant; en avance sur

all tout

in all en tout

almost presque

along le long de

alongside le long de; à côté de; bord à bord

aloud à haute voix

already déjà

also aussi

always toujours

among parmi, entre

anxiously anxieusement

in any case, at any rate de toute façon

anyway de toute façon

anywhere n'importe où; quelque part

apart à part; séparément

apart from à part, excepté

approximately environ

around autour (de); environ; vers

as aussi, si

as . . . as aussi . . . que

as for quant à

at à; de; par; chez

away (au) loin; absent

away from loin de

backwards en arrière; à l'envers

backwards and forwards de long en large

badly mal; grièvement

because of à cause de

before avant; devant

beforehand au préalable

on behalf of de la part de

on my behalf de ma part

behind derrière; en retard (sur)

below, beneath sous, au-dessous de; en dessous

beside à côté de

besides en plus de; excepté; de plus

best le mieux

better mieux

between entre; au milieu

beyond au-delà (de)

briefly brièvement

by par; à côté de; avant

carefully soigneusement; prudemment

in case of en cas de

certainly certainement

by chance par hasard

clearly clairement

close (de) près

close to près de

closely de près

completely complètement

concerning à propos de

continually continuellement

on the contrary au contraire

correctly correctement

in the course of au cours de

of course bien sûr, bien entendu

curiously curieusement

daily tous les jours

dangerously dangereusement

deeply profondément

deliberately exprès

despite malgré

down there en bas (là-bas)

downstairs en bas

during pendant

early tôt; de bonne heure; en avance

easily facilement

in effect en fait

either . . . or soit . . . soit

elsewhere ailleurs

enough assez

entirely entièrement

equally également; tout aussi . . .

especially particulièrement; surtout; exprès

even même; encore

even so quand même

eventually finalement

ever jamais; toujours

everywhere partout

evidently de toute évidence

exactly exactement

for example par exemple

except (for) sauf

in exchange for en échange de

extremely extrêmement

facing face à

in fact en fait

faintly faiblement; vaguement

fairly assez; équitablement

faithfully fidèlement

far (from) loin (de)

far away au loin

fast vite; solidement

finally en dernier lieu; finalement

first d'abord

at first d'abord

first of all tout d'abord

following suivant

on foot à pied

for pour; pendant

forever pour toujours

formerly autrefois

fortunately heureusement

forward en avant

forwards en avant

frequently fréquemment

from de

in front devant, en avant

in front of devant

fully entièrement

further plus loin; davantage

furthermore de plus

generally généralement

gently doucement

hardly à peine

heavily lourdement; beaucoup

here ici

at home à la maison

honestly honnêtement; franchement

how comment

how much combien

however de quelque façon que

immediately immédiatement

in dans; en; à

including y compris

inside à l'intérieur (de); dedans

instead au lieu de cela

instead of au lieu de; à la place de

intellectually intellectuellement

into dans, en

at last enfin

late tard

lately récemment

later plus tard

least le moins

at least au moins

left à gauche

less moins

less and less de moins en moins

lightly légèrement

like comme

little by little petit à petit

long longtemps

no longer ne . . . plus

a lot (of) beaucoup (de)

loudly fort

maybe peut-être

by means of au moyen de

mentally mentalement

in the middle of au milieu de

at that very moment à ce moment-là

at the moment en ce moment

more plus

more and more de plus en plus

all the more d'autant plus

no more ne . . . plus

moreover de plus; d'ailleurs
most le plus; très
at (the) most au plus
much beaucoup
as much autant
mysteriously mystérieusement
naturally naturellement
near (to) près (de)
nearly presque
neither ... nor ni ... ni
nervously nerveusement
never (ne ...) jamais
nevertheless néanmoins
next ensuite
next door (to) à côté (de)
next to à côté de
nicely gentiment
normally normalement
not at all pas du tout
not even pas même
not much pas beaucoup
now maintenant
now and then de temps en temps
nowhere nulle part
obviously manifestement
occasionally de temps en temps
of de
often souvent
on sur
once une fois, autrefois
at once tout de suite; à la fois
once more encore une fois
one by one un par un
only seulement
in my opinion à mon avis
opposite en face (de)
in order to de façon à
other than à part
on the other hand par contre
otherwise autrement
outside (au) dehors; hors de
over sur; par-dessus; au-dessus de; plus de
over here ici
over there là-bas
partially en partie
in particular en particulier
particularly particulièrement

partly en partie
patiently patiemment
perhaps peut-être
plus plus
politely poliment
at present à présent
previously précédemment
probably probablement
in progress en cours
on purpose exprès
quickly vite
quietly tranquillement
quite assez; complètement
at random au hasard
rarely rarement
rather plutôt; assez
recently récemment
regularly régulièrement
reluctantly à contre-cœur
in this respect à cet égard
in return for en échange de
right à droite
as a rule en règle générale
safely sans accident; sans danger
scarcely à peine
seldom rarement
separately séparément
seriously sérieusement
in the shade (of) à l'ombre (de)
shortly bientôt
on this side (of) de ce côté (de)
by sight de vue
simply simplement
since depuis
since then depuis ce moment-là
slightly légèrement
slowly lentement
so ainsi
so ... si ...
so as to pour
so far jusqu'ici
so much tant
sometimes quelquefois
somewhere quelque part
soon bientôt
as soon as possible dès que possible
in spite of malgré
still encore; quand même

straight (on) tout droit
straight away tout de suite
suddenly tout à coup
surely sûrement
thanks to grâce à
then alors; ensuite
there là
through à travers (de); pendant
till jusqu'à; avant
in time à temps; avec le temps
on time à l'heure
from time to time de temps en temps
at the same time (as) en même temps (que)
to à; vers; en; chez
to and fro de long en large
today aujourd'hui
together ensemble; en même temps
tomorrow demain
tonight ce soir; cette nuit
too aussi
too . . . trop . . .
too much trop
on top of sur; en plus de
totally complètement
towards vers; envers
twice deux fois
under sous; moins de

underneath sous, au-dessous de; en dessous
unfortunately malheureusement
until jusqu'à; avant
until then jusque-là
up there là-haut
upstairs en haut
as usual comme d'habitude
usually d'habitude
in vain en vain
very très
very much beaucoup
in view of étant donné
in no way nullement
on the way en route
well bien
as well as aussi bien que; en plus de
when quand
whenever quand (donc)
where où
wherever où (donc)
while pendant que
wildly violemment
with avec
within reach à portée
without sans
yesterday hier
yet encore; déjà

NOUNS
action action
activity activité
advantage avantage
adventure aventure
advertisement réclame;
  annonce
advice (*sg*) conseils
agreement accord
aim but
ambition ambition
anger colère
anguish angoisse
annoyance mécontentement
appointment rendez-vous;
  nomination
argument* argument
arrow flèche
astonishment étonnement
attention attention
attraction attraction
back* dos; derrière; arrière
background arrière-plan
bad luck malchance
bang détonation; coup
barrel tonneau
basket corbeille; panier
battle bataille; combat
beauty beauté
beginning commencement
bet pari
bid offre; tentative
blow coup
boredom ennui
bottom fond; bas; derrière
boundary frontière
box* boîte; carton
bravery courage
breadth largeur
break* brèche; cassure;
  interruption
calculation calcul
calm calme
calmness calme
candidate candidat(e)
capital* majuscule
caption légende
centre centre
chance hasard; occasion

chap type (*individu*)
chapter chapitre
chief chef
choice choix
circle* cercle
civilization civilisation
classification classification
cleanliness propreté
closure fermeture
coin pièce de monnaie
column colonne
comfort confort
comparison comparaison
confidence confiance; assurance
connection* relation
conscience conscience
construction construction
conversation conversation
copy copie; exemplaire
corner coin
correspondent correspondant(e)
counter* jeton
courage courage
crowd foule
cry cri
culture culture
curiosity curiosité
custom coutume
damage dégâts
danger danger
darkness obscurité
date* rendez-vous
decision décision
depth profondeur
desire désir
destiny destin
detail détail
diagram diagramme
difference différence
difficulty difficulté
dimension dimension
direction direction
dirtiness saleté
disadvantage désavantage
disaster désastre
discipline discipline
discussion discussion
disorder désordre

dispute dispute
distance distance
distress détresse
doll poupée
drought sécheresse
duty devoir; droit, taxe
economy économie
effect effet
effort effort
elastic band élastique
election élection
elector électeur(trice)
elegance élégance
end fin; bout
enemy ennemi(e)
energy énergie
enthusiasm enthousiasme
envy envie
event événement
example exemple
excess excès
exchange échange
exhibition exposition
exile exil; exilé(e)
expenses frais
experience expérience
expert expert(e)
explanation explication
explosion explosion
expression expression
extent étendue
extract extrait
fact fait
faith confiance; foi
fate destin
fault* faute
fear peur
feeling sentiment; sensation
fees honoraires
fellow type (*individu*)
flag* drapeau
footstep pas
foreigner étranger(ère)
form* forme
freshness fraîcheur
front devant; avant; front; façade
fumes vapeurs
gaiety gaieté
gambling jeu

goal but
God Dieu
good bien
good luck bonne chance
government gouvernement
greed avidité; gourmandise
group groupe
guide guide
happiness bonheur
head* chef
help aide
hole trou
honour honneur
hope espoir
humour* humour
hunger faim
hygiene hygiène
idea idée
idiot idiot(e)
imagination imagination
importance importance
impression impression;
  empreinte
information (*sg*) renseignements
instructions directives
interest intérêt
interruption interruption
interview interview; entrevue
jealousy jalousie
joke plaisanterie; farce
joy joie
kind sorte, type
kindness gentillesse
king roi
knock coup
lack (of) manque (de)
leisure loisir
length longueur
level niveau
life vie
light lumière
limit limite
line ligne
list liste
literature littérature
loudspeaker haut-parleur
love amour
luck chance
lump morceau; grumeau;

grosseur
machine machine
madness folie
magazine magazine
manner manière
manufacture fabrication
mark* marque
maximum maximum
means (of) moyen (de)
measurements mesures
meeting* rencontre
meeting place rendez-vous
  (lieu)
member membre
memory mémoire; souvenir
message message
method méthode
middle milieu
minimum minimum
Ministry (of) Ministère (de)
misfortune malchance
mistake erreur
mixture mélange
moonlight clair de lune
morals (pl) moralité
mystery mystère
nature nature
nerve* sang-froid; toupet
network réseau
news (sg) nouvelle;
  information(s)
newspaper journal
noise bruit
note* mot; billet de banque
notice* annonce; pancarte
number* nombre; chiffre
object objet
objection objection
opening ouverture
opinion opinion
opportunity occasion
order ordre; commande
packet paquet
page page
paint peinture
pair paire
part* partie; pièce
patience patience
peace paix

permission permission
person personne
picture* image; film
place endroit; place
plan plan; projet
pleasure plaisir
point pointe; point
point of view point de vue
poison poison
politeness politesse
politics (sg) politique
portion portion
portrait portrait
position position; situation
possibility possibilité;
  éventualité
post* poteau
pound (sterling) livre (sterling)
power puissance; pouvoir
premises locaux
preparation préparation
preparations préparatifs
presence présence
pride orgueil; fierté
prince prince
princess princesse
problem problème
produce (sg) produits
product produit
prosperity prospérité
provisions provisions
publicity publicité
quality qualité
queen reine
question question
reader lecteur(trice)
rear arrière
reason raison
reception réception
religion religion
remains restes
remark remarque
reply réponse
reputation réputation
resolution résolution
respect respect
result résultat
resumption reprise
return retour; restitution

revolution révolution
rhythm rythme
right droit; droite
rubber band élastique
sadness tristesse
seat* siège
secret secret
section section
security sécurité
selection sélection
sense sens; signification; bon sens
series (*sg*) série
shadow ombre
shame honte
shape forme
short-cut raccourci
shyness timidité
sign signe; panneau
silence silence
situation situation
size* (*sg*) dimensions
skill habileté
sleep sommeil
smell odeur; odorat
smoke fumée
sob sanglot
society société
solution solution
sort genre, sorte
soul âme
sound son; bruit
souvenir souvenir (*objet*)
space espace
species (*sg*) espèce
spectator spectateur(trice)
splinter écharde; éclat
stage* étape
starting point point de départ
state état
stay séjour
steeple clocher
stick bâton
stir sensation
stranger inconnu(e); étranger(ère)

stupidity stupidité
style style
success succès; réussite
sum somme
supervision surveillance
surprise surprise; étonnement
survivor survivant(e)
suspicion soupçon
system système
talent talent
tapestry tapisserie
task tâche
tax (*sg*) taxe; impôts
tear [tɪə] larme
[teə] déchirure
term* terme
text texte
thanks remerciements
thickness épaisseur
thing chose; objet; truc
thirst soif
thought pensée
tournament tournoi
toy jouet
trace trace
trick ruse; tour
tub cuve; baquet; baignoire
tube tube; métro
turn tour
type genre; type
value valeur
version version
victory victoire
voice voix
war guerre
watch* sentinelle
way chemin; façon
weights poids
while moment
whispering chuchotement
width largeur
wish désir; souhait
word (*sg*) mot; parole; nouvelles
works usine; mécanisme
wreckage (*sg*) débris; décombres

VERBS

to abandon abandonner
to accept accepter
to accompany accompagner
to accomplish accomplir
to accuse accuser
to achieve accomplir; atteindre
to acquire acquérir
to act agir; jouer
to adapt (s')adapter
to add ajouter; additionner
to adjust ajuster; rajuster;
s'adapter
to admire admirer
to admit laisser entrer; admettre
to adore adorer
to advise conseiller
to affect affecter
to aggravate aggraver;
exaspérer
to agree convenir de; être
d'accord
to alarm alarmer
to allow permettre
to alter changer
to amaze stupéfier
to announce annoncer; faire
part de
to annoy agacer
to answer répondre (à);
résoudre
to apologise (for) s'excuser (de)
to appear apparaître; paraître
to applaud applaudir
to apply to s'adresser à;
s'appliquer à
to apply for a job faire une
demande d'emploi
to appreciate apprécier; se
rendre compte de
to approach s'approcher (de);
s'adresser à; aborder
to approve of approuver
to argue se disputer
to arrange arranger; organiser
to arrest arrêter
to arrive arriver
to ask somebody to do
demander à quelqu'un de faire

**to ask somebody for
something** demander quelque
chose à quelqu'un
to ask questions poser des
questions
to assert affirmer
to assure assurer
to astonish étonner
to attack attaquer
to attempt to tenter de
to attend assister à
to attend to s'occuper de
to attract attirer
to avoid (doing) éviter (de
faire)
to be être
to be able to pouvoir
to be afraid avoir peur
to be born naître
to be hungry/thirsty avoir
faim/soif
to be quiet se taire
to be right avoir raison
to be sorry regretter
to be worth valoir
to be wrong avoir tort
to bear supporter; porter
to beat battre
to become devenir
to begin (to) commencer (à)
to behave se conduire
to believe croire
to belong to appartenir à; faire
partie de
to bend (se) courber; plier
to bend down se baisser
to bet (on) parier (sur)
to betray trahir
**to blame somebody for
something** reprocher quelque
chose à quelqu'un
to block bloquer
to blow up exploser; faire
sauter; gonfler
to blush rougir
to board monter à bord de;
monter dans
to book réserver; dresser un

procès-verbal à

to bore ennuyer; percer

to get bored s'ennuyer

to borrow emprunter

to break casser; rompre; violer

to break down tomber en panne

to bring apporter; amener

to bring about provoquer, entraîner

to bring back rapporter; ramener

to bring out (faire) sortir; faire ressortir

to bring up élever; soulever

to build construire, bâtir

to bump heurter

to bump into rentrer dans

to burn brûler

to burst crever; (faire) éclater

to burst into tears fondre en larmes

to burst out laughing éclater de rire

to bury enterrer

to buy (from) acheter (à)

to call appeler

to be called s'appeler

to calm down (se) calmer

to capture capturer

to care about se soucier de

I don't care ça m'est égal

to carry porter; transporter

to carry out emporter; exécuter; effectuer

to catch attraper; saisir; accrocher

to catch fire prendre feu

to catch sight of apercevoir

to catch up with somebody rattraper quelqu'un

to cause causer

to change (se) changer; changer de

to chase poursuivre

to chase off chasser

to chat causer, bavarder

to check vérifier; contrôler; maîtriser

to cheer applaudir; réjouir; réconforter

to choose choisir

to clean nettoyer

to clear dégager; s'éclaircir; se dissiper

to climb grimper

to close (se) fermer; se terminer

to collaborate collaborer

to collect rassembler; ramasser; collectionner; passer prendre

to come venir; arriver

to come back revenir

to come down descendre; baisser

to come off se détacher; s'enlever; réussir

to come up monter

to command commander; ordonner

to compare (se) comparer

to compensate for compenser

to complain (about) se plaindre (de)

to complete achever; remplir

to comprise comprendre

to concern concerner

to conclude conclure; se terminer

to condemn condamner

to confess (se) confesser

to confirm confirmer; ratifier

to confuse (with) confondre (avec)

to congratulate féliciter

to connect joindre; établir un rapport entre

to conquer conquérir; vaincre

to consider considérer; prendre en considération

to consist of consister en

to constitute constituer

to consult consulter

to consume consommer

to contain contenir

to contemplate contempler; envisager

to continue continuer; reprendre

to contribute contribuer

to **control** maîtriser; contrôler

to **cook** (faire) cuire; faire la cuisine

to **copy** copier

to **cost** coûter

to **count** compter

to **cover (with)** couvrir (de)

to **crash** s'écraser; percuter; s'effondrer

to **create** créer

to **cross** traverser; croiser

to **crush** écraser; froisser

to **cry** pleurer; crier

to **cultivate** cultiver

to **cure** guérir

to **cut** couper; tailler; réduire

to **cut off** couper; isoler

to **damage** abîmer; faire du tort à

to **dance** danser

to **dare (to do)** oser (faire)

to **dash** anéantir; se précipiter

to **decide (to)** décider (de); se décider (à)

to **declare** déclarer

to **decorate (with)** orner (de)

to **decrease** diminuer

to **defeat** battre; faire échouer

to **defend** défendre, protéger

to **delay** retarder; s'attarder

to **deliver** distribuer; livrer; remettre

to **demand** réclamer, exiger

to **demolish** démolir

to **deny** nier

to **depart** partir

to **depend on** dépendre de; compter sur

to **deprive of** priver de

to **describe** décrire

to **deserve** mériter

to **desire** désirer

to **destroy** détruire

to **detest** détester

to **develop** (se) développer; se manifester

to **devote** consacrer

to **die** mourir

to **differ (from)** différer (de)

to **diminish** diminuer

to **direct** diriger; mettre en scène; réaliser

to **disappear** disparaître

to **disappoint** décevoir

to **discourage** décourager

to **discover** découvrir

to **discuss** discuter de

to **disguise** déguiser

to **disgust** dégoûter

to **dislike** ne pas aimer

to **display** montrer; mettre à l'étalage

to **distinguish** distinguer; différencier

to **distribute** distribuer

to **disturb** troubler; déranger

to **divert** dévier; détourner; divertir

to **divide** (se) diviser; séparer

to **do** faire

to **do without** se passer de

to **dominate** dominer

to **drag** traîner

to **draw** dessiner; tirer; attirer

to **dream** rêver

to **dress** (s')habiller

to **drink** boire

to **drive** conduire

to **drop** laisser tomber; baisser; tomber

to **dry** sécher; faire sécher

to **earn** gagner; mériter

to **eat** manger

to **educate** instruire

to **employ** employer

to **empty** (se) vider

to **encourage** encourager

to **end** (se) terminer

to **endorse** endosser; approuver

to **enjoy** aimer; jouir de

to **enjoy oneself** s'amuser

to **ensure** assurer; garantir

to **enter** entrer (dans); entrer à

to **enumerate** énumérer

to **erect** construire; ériger; dresser

to **escape (from)** échapper (à); s'échapper (de); s'évader (de) to **establish** établir; fonder

to **exaggerate** exagérer

to **examine** examiner;
interroger; inspecter

to **exchange** échanger

to **excite** exciter

to **exclaim** s'exclamer

to **exclude** exclure

to **exist** exister

to **expect** s'attendre à;
escompter; demander, exiger;
supposer; attendre

to **experience** connaître;
éprouver

to **explain** expliquer

to **explode** (faire) exploser

to **express** exprimer

to **extend** prolonger; agrandir

to **extinguish** éteindre

to **fail** échouer (à); s'affaiblir

to **fall** tomber

to **fall asleep** s'endormir

to **fall down** tomber; s'effondrer

to **fasten** (s')attacher

to **fear** craindre

to **feel** toucher; sentir; éprouver

to **feel ill** se sentir malade

to **fetch somebody** aller
chercher quelqu'un

to **fight** se battre (contre)

to **fill (with)** remplir (de)

to **find** trouver; retrouver

to **find out** se renseigner sur;
découvrir

to **finish** finir

to **fix** fixer; arranger; réparer

to **fix up** arranger

to **flee** fuir

to **flow** couler

to **fly** voler; aller en avion

to **fold** plier

to **follow** suivre; s'ensuivre

to **forbid** défendre, interdire

to **force somebody to do**
obliger quelqu'un à faire

to **foresee** prévoir

to **forget** oublier

to **forgive somebody for
something** pardonner quelque
chose à quelqu'un

to **form** (se) former

to **frighten** effrayer

to **gamble** jouer

to **gather** cueillir; ramasser;
rassembler; comprendre

to **get** avoir, obtenir; recevoir;
devenir

to **get into** entrer dans; monter
dans

to **get off** descendre; enlever

to **get on** se débrouiller;
s'entendre

to **get out of** sortir de; échapper
à

to **get rid of** se débarrasser de

to **get up** se lever

to **give** donner; céder

to **give back** rendre

to **give up** renoncer (à)

to **give oneself up** se rendre

to **go** aller; partir; marcher,
fonctionner; devenir

to **go away** partir

to **go back** rentrer; revenir;
retourner

to **go down** descendre; couler,
sombrer; se coucher (*soleil*)

to **go forward** avancer

to **go on doing something**
continuer à faire quelque chose

to **go towards** se diriger vers

to **go up** monter; augmenter;
gravir

to **go with** aller avec

to **gossip** bavarder; cancaner

to **grab** saisir; se saisir de

to **grasp** saisir

to **greet** accueillir

to **groan** gémir; grogner

to **grow** pousser; grandir;
augmenter; devenir; cultiver

to **grow up** grandir

to **guarantee** garantir

to **guess** deviner

to **guide** guider

to **hang** accrocher; pendre

to **hang up** raccrocher;
accrocher

to **happen** arriver, se passer

to **harm** faire du mal à; endommager

to **hate** haïr

to **have** avoir

to **have just done something** venir de faire quelque chose

to **have something done** faire faire quelque chose

to **have to** devoir

to **hear** entendre; apprendre

to **hear about** avoir des nouvelles de; entendre parler de

to **heat** chauffer

to **heat up** chauffer; (se) réchauffer

to **help somebody to do** aider quelqu'un à faire

to **hesitate** hésiter

to **hide** (se) cacher

to **hire** louer; embaucher

to **hit** frapper; cogner; atteindre

to **hold** tenir; contenir; tenir (bon)

to **hold out** offrir; tenir bon

to **hold up** lever; soutenir; retarder

to **hope** espérer

to **hurl** lancer

to **hurry** se presser; faire presser

to **hurt** faire mal (à); blesser

to **ignore** ne tenir aucun compte de; faire semblant de ne pas (re)connaître

to **imagine** (s')imaginer

to **impress** impressionner

to **imprison** emprisonner

to **improve** (s')améliorer; faire des progrès

to **include** inclure

to **increase** augmenter

to **inform** informer; renseigner

to **injure** blesser; faire du tort à

to **inquire (about)** s'informer (de)

to **inscribe** inscrire; dédicacer

to **insist on doing** insister pour faire

to **insult** insulter

to **intend to do** avoir l'intention de faire

to **interest** intéresser

to **interrupt** interrompre

to **interview** interviewer; avoir une entrevue avec

to **introduce** introduire; présenter

to **invade** envahir

to **invent** inventer

to **invite** inviter; demander

to **involve** entraîner; impliquer, mêler

to **iron** repasser

to **irritate** irriter

to **join** unir; s'inscrire à; se rejoindre

to **joke** plaisanter

to **judge** juger

to **jump** sauter; sursauter

to **keep** garder; retenir; tenir; élever; se conserver; rester

to **kill** tuer

to **kneel** s'agenouiller

to **knit** tricoter

to **knock** frapper; heurter; dénigrer

to **know** savoir; connaître

to **lack** manquer de

to **be lacking** manquer

to **last** durer

to **laugh** rire

to **laugh at** se moquer de

to **lead** mener, conduire

to **lean** pencher; (s')appuyer

to **leap** bondir

to **learn (to do)** apprendre (à faire)

to **leave** laisser; quitter; partir

to **lend** prêter

to **let** laisser; louer

to **lick** lécher

to **lie** mentir; être couché; se trouver

to **lie down** se coucher

to **lift** soulever; se lever

to **light** allumer; éclairer

to **like** aimer (bien)

to **list** faire la liste de; inscrire;

énumérer
to listen (to) écouter
to live vivre; habiter
to load (with) charger (de)
to lock fermer à clef; se bloquer
to lodge with être logé chez
to long for avoir très envie de;
attendre avec impatience
to look regarder; sembler
to look after s'occuper de;
garder
to look at regarder
to look for chercher
to look like ressembler à
to lose perdre; distancer
to lose sight of somebody
perdre quelqu'un de vue
to love aimer (beaucoup); adorer
to lower baisser
to maintain entretenir;
maintenir; soutenir
to make faire; rendre
to make a mistake se tromper
to make fun of se moquer de
to make up inventer; se
réconcilier; (se) maquiller
to make up for compenser
to make up one's mind to do
se décider à faire
to manage se débrouiller;
s'occuper de; gérer
to manufacture fabriquer
to marry (somebody) se
marier (avec quelqu'un)
to matter importer
to mean signifier, vouloir dire
to measure mesurer
to meet rencontrer; retrouver;
faire la connaissance de
to mend réparer; raccommoder
to mention mentionner
to miss manquer, rater
I miss him il me manque
to mistake somebody for
prendre quelqu'un pour
to be mistaken faire erreur, se
tromper
to mix (se) mélanger
to moan gémir; se plaindre

to move bouger; émouvoir;
déménager
to multiply (se) multiplier
must: I must do it il faut que
je le fasse
to need avoir besoin de
to note noter; constater
to notice s'apercevoir de
to nourish nourrir
to obey obéir (à)
to object to désapprouver;
protester contre
to oblige somebody to do
obliger quelqu'un à faire
to observe observer; faire
remarquer
to obtain obtenir
to occur se produire; se
présenter
to offend offenser
to offer offrir, proposer
to open (s')ouvrir
to operate faire marcher;
fonctionner; opérer
to oppose s'opposer à
to order ordonner; commander
to organize organiser
to overcome triompher de;
surmonter
to overlook donner sur;
négliger; fermer les yeux sur
to overtake dépasser
to overturn renverser; se
retourner
to own posséder
to paint peindre
to pass passer devant; passer;
dépasser; réussir; approuver
to pay payer; être rentable
to permit permettre
to persuade persuader
to photograph photographier
to pick cueillir; choisir
to pick up ramasser; passer
prendre; apprendre; s'améliorer
to place placer; situer;
reconnaître
to play jouer
to please plaire à

to **point out** faire remarquer

to **polish** cirer; faire briller

to **possess** posséder

to **post** poster; afficher

to **postpone** remettre (à plus tard)

to **pour** verser; pleuvoir à verse

to **praise** louer, faire l'éloge de

to **predict** prédire

to **prefer** préférer

to **prepare** préparer

to **present** présenter

to **press** appuyer sur; serrer; repasser

to **pretend (to)** faire semblant (de)

to **prevent (from)** empêcher (de)

to **print** imprimer; publier; écrire en majuscules

to **produce** produire; présenter; provoquer; mettre en scène

to **prohibit** interdire

to **promise (to do something)** promettre (de faire quelque chose)

to **pronounce** prononcer

to **protect** protéger

to **prove** prouver

to **provide** fournir

to **pull** tirer

to **pull out** sortir; arracher; retirer; démarrer; déboîter

to **punch** donner un coup de poing à/sur

to **pursue** poursuivre

to **push** pousser; appuyer (sur)

to **put** mettre; poser; exprimer

to **put back** remettre; retarder

to **put down** poser; inscrire; réprimer

to **put on** mettre; allumer; monter

to **put out** mettre dehors; tendre; éteindre; déranger

to **put up** lever; afficher; accrocher; construire; augmenter; loger

to **quarrel** se disputer

to **question** interroger; mettre en doute

to **raise** lever; hausser; augmenter; élever

to **reach** atteindre; parvenir à

to **read** lire

to **realize** se rendre compte de

to **receive** recevoir

to **recognize** reconnaître

to **record** noter; rapporter; enregistrer

to **reduce** réduire; abaisser

to **refer to** faire allusion à; s'appliquer à; se reporter à

to **reflect** réfléchir; refléter

to **refund** rembourser

to **refuse (to)** refuser (de)

to **register** enregistrer; se faire inscrire

to **regret** regretter

to **reject** refuser; rejeter

to **rejoin** (se) rejoindre

to **release** libérer; dégager; lâcher; sortir

to **relieve** soulager; secourir

to **remain** rester

to **remember** se souvenir (de), se rappeler

to **remind somebody of something** rappeler quelque chose à quelqu'un

to **rent** louer

to **repair** réparer

to **repeat** répéter; renouveler; redoubler

to **replace** remettre; remplacer

to **reply** répondre

to **report** rapporter; se présenter

to **represent** représenter

to **request** demander

to **require** avoir besoin de; demander

to **rescue** sauver

to **resemble** ressembler à

to **reserve** réserver

to **resist** résister (à)

to **respond** répondre; réagir

to **rest** (se) reposer: (s')appuyer

to **resume** reprendre

to **return** revenir; retourner; rendre; remettre

to **reveal** révéler; laisser voir

to **ring** sonner; retentir; téléphoner (à)

to **rise** s'élever; se lever; monter

to **risk** risquer

to **run** courir; marcher, fonctionner; déteindre; diriger; organiser

to **run away** or **off** s'enfuir

to **rush** se précipiter

to **save** sauver; économiser

to **say** dire

to **scratch** griffer; rayer; érafler

to **scream** crier, hurler

to **search** fouiller; chercher

to **see** voir

to **seem** sembler

to **seize** saisir; s'emparer de

to **select** sélectionner, choisir

to **sell** (se) vendre

to **send** envoyer

to **send back** renvoyer

to **sentence** condamner

to **separate** (se) séparer

to **serve** servir

to **set up** fonder; établir

to **settle** régler; résoudre; calmer; se poser; s'installer

to **sew** coudre

to **shake** secouer; agiter

to **share** partager; avoir en commun

to **shatter** (se) fracasser; bouleverser

to **shelter** s'abriter; donner asile à

to **shine** (faire) briller

to **shoot** tirer; fusiller; tourner (*film*)

to **shout** crier

to **show** montrer; faire preuve de; exposer; se voir

to **shower** se doucher

to **shut** (se) fermer

to **shut in** enfermer; entourer

to **sigh** soupirer

to **sign** signer

to **signal** faire signe à; communiquer par signaux

to **sing** chanter

to **sink** couler, sombrer

to **sit (down)** s'asseoir

to **sit an exam** passer un examen

to **slap** donner une tape/gifle à

to **sleep** dormir

to **slide** (faire) glisser

to **slip** glisser

to **smash** casser; se briser

to **smell** sentir; sentir mauvais

to **smile** sourire

to **snatch** saisir; voler

to **solve** résoudre

to **sound** sonner; sembler (être)

to **sparkle** étinceler

to **speak** parler; prendre la parole

to **spend** dépenser; passer

to **spoil** abîmer; gâcher; gâter

to **spread out** (s')étendre

to **stack** empiler

to **stammer** bégayer

to **stand** être debout; se lever; se trouver; supporter

to **stand up** se lever

to **stare at** regarder fixement

to **start (to)** commencer (à)

to **startle** faire sursauter

to **state** déclarer; formuler

to **stay** rester; loger; séjourner

to **steal** voler

to **stick** coller; enfoncer

to **stir** remuer

to **stop** (s')arrêter; interrompre

to **stretch** s'étirer; tendre

to **stretch out** s'étendre; tendre

to **strike** frapper; faire grève; sonner

to **stroll** flâner

to **struggle** lutter

to **succeed (in doing)** réussir (à faire)

to **suck** sucer; téter

to **suffocate** suffoquer

to **suggest** suggérer; insinuer

to **suit** convenir à, aller à

to **supply** fournir; alimenter

to **suppose** supposer

to **surprise** surprendre, étonner

to **surrender** se rendre

to **surround (with)** entourer (de)

to **suspect** suspecter, soupçonner

to **swear** jurer

to **switch off** éteindre

to **switch on** allumer

to **take** prendre; contenir; accepter

to **take something from somebody** prendre quelque chose à quelqu'un

to **take advantage (of)** profiter (de)

to **take away** emporter; emmener

to **take back** ramener; rapporter

to **take care of** s'occuper de

to **take care to do** prendre soin de faire

to **take down** descendre; démolir; démonter

to **take off** enlever; décoller

to **take out** sortir; enlever

to **take part (in)** prendre part (à)

to **take place** avoir lieu

to **talk** parler

to **taste** goûter; avoir un goût

to **taste of** avoir le goût de

to **teach** enseigner; apprendre

to **teach somebody something** enseigner quelque chose à quelqu'un

to **tear** (se) déchirer

to **telephone** téléphoner à

to **tell** dire; raconter

to **tell off** gronder

to **thank (for)** remercier (de)

to **think** penser, réfléchir

to **think about** penser à

to **threaten** menacer

to **throw** jeter, lancer; projeter

to **throw away** jeter

to **throw somebody out** expulser quelqu'un; renvoyer quelqu'un

to **tidy (up)** ranger

to **tie** nouer; attacher; lier

to **touch** (se) toucher

to **travel** voyager; parcourir

to **trust** faire confiance à

to **try (to)** essayer (de)

to **turn** tourner

to **turn off** éteindre

to **turn on** allumer

to **turn round** (se) retourner

to **turn towards** se tourner vers

to **understand** comprendre

to **undress** (se) déshabiller

to **unite** (s')unir

to **unload** décharger

to **use** utiliser, employer

I **used to** j'avais l'habitude de

to **visit** aller voir; visiter

to **wait (for)** attendre

to **wake(n) up** (se) réveiller

to **walk** marcher, aller à pied

to **want** vouloir; désirer; exiger

to **want to** vouloir

to **warm up** (se) réchauffer

to **warn** avertir

to **wash** (se) laver

to **waste** perdre; gaspiller

to **watch** regarder; surveiller, s'occuper de

to **wave** faire signe (de la main); agiter

to **wear** porter; s'user

to **weigh** peser

to **welcome** accueillir

to **whisper** chuchoter

to **win** gagner

to **wipe** essuyer

to **wish** désirer, souhaiter

to **wonder** se demander; s'émerveiller

to **work** travailler; marcher, fonctionner

to **worry** (s')inquiéter

to **worry about** s'inquiéter pour

to **wrap (up)** emballer, envelopper

to **write** écrire

HOMONYMS

La traduction des mots de la liste qui suit varie avec le contexte. Si vous ignorez certaines de ces traductions reportez-vous aux pages indiquées ci-dessous.

Les listes de vocabulaire des pages qui suivent contiennent les noms des niveaux I et 2 du livre et vous seront d'une aide précieuse pour la traduction en cas de trou de mémoire. L'usage du point-virgule entre les numéros indique que la traduction varie avec le contexte.

Printed in Great Britain by
Collins Glasgow
pour le compte des
Nouvelles Editions Marabout
D. juin 1986/0099/95
ISBN 2-501-00294-6